KB097902

페르소나 인공지능

ChatGPT 활용과 함께

PERSONA

페르소나 인공지능

유승재 지음

Ai

렛츠북

어느 날 전화를 한 통 받았다. 인터넷과 뉴스를 확인해보라는 내용이었고, 검색을 해보니 '페르소나AI'라는 키워드가 급증하고 있었다. 페르소나의 투자사가 시가 총액이 300%나 올랐고, 심지어 투자가 몰려서 증권거래소에서 투자 제한 종목으로 지정하였다는 것이다.

ChatGPT가 전 세계적인 신드롬이 되면서 덩달아 유사 기술을 다루는 한국형 ChatGPT 기업인 페르소나가 알려져 급등하게 되었다는 것이다. 그 후부터 현재까지 페르소나AI는 여러 방송에 출연하고, 여러 부처에 초대받으며 그동안 해왔던 생성형AI에 대한 주목을 받게 되었다.

패러다임은 이미 생성형AI로 바뀌었고 우리는 이제 프롬프트를 통해 변화하는 다음 모습을 상상한다.

'도대체 생성형AI는 무엇이고 ChatGPT는 어떤 변화를 가져올까?'

이 책을 우리 멤버들에게 바칩니다.

유승재

목차

3짱
ChatGPT 실전

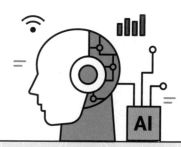

1장

페르소나
인공지능

* 인공지능
* 페르소나 인공지능
* 대화형 인공지능
* 핀테크 인공지능
* 자동차와 인공지능

인공지능

인공지능이란 무엇인지 간단히 이해해보자

인공지능 세상이 왔는데 너무 어렵다. 인공지능은 뭐고 딥러닝은 뭐지? 검색을 해봐도 뉴럴과 함께 어려운 용어만 잔뜩 나온다. 어려워 말고 설명을 들어보자.

인공지능(AI)이란 '컴퓨터가 인간의 지능적인 행동을 모방할 수 있도록 하는 것'이다. 다시 말해 계산기도 인공지능이라고 할 수 있다. 우리가 상상하는 인공지능은 영화처럼 인간을 뛰어넘는 지능을 가진, 인류를 위협하기까지도 하는 로봇 같은 것이다.

하지만 아직 우리가 상상하는 정도의 인공지능은 나오지 않았고, 따라서 우리는 인공지능이 아닌 인공 지식의 시대에 와있다. 이러한 인공지능을 우리는 인공일반지능(AGI : Artificial general intelligence)

라고 부르며, 이는 '인간이 할 수 있는 어떠한 지적인 업무도 성공적으로 해낼 수 있는 기계의 지능'을 말한다.

인공지능을 기술적으로 크게 나누자면 머신러닝과 딥러닝으로 나눌 수 있다. 머신러닝은 '기계 학습 방식'으로, 지도 학습/비지도 학습이 존재한다. 딥러닝은 '사물이나 데이터를 군집화하거나 분류하는 데 사용하는 기술(분류를 통한 예측)'을 말한다.

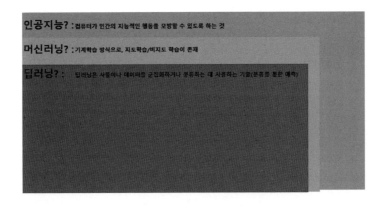

이러한 인공지능은 여러 분야로 나눌 수가 있는데 크게 NLP(자연어처리), 스피치(보이스), 로보틱스, 비전이 있다. 초기에는 주로 로보틱스와 비전 쪽이 빠른 성장을 보였는데 최근에는 NLP(자연어처리)에 대한 발전이 눈부시게 이뤄지고 있다. 물론 이 영역은 '말'에 대한 부분이므로 다른 AI 분야와 함께 연계되며 같이 성장하고 있다.

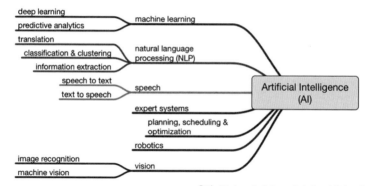

출처 : Ma. Louella Salenga Holy Angel University

페르소나 인공지능

페르소나는 IT에서 타깃 고객을 의미합니다

페르소나는 라틴어로 사람(Person), 인격, 성격(Personality)의 어원이 되고, 심리학 용어가 되었다. IT에서는 타깃 고객을 의미하는 용어로 사용자 페르소나를 정의하고 그에 맞는 인공지능 방법론을 말한다.

특히 인공지능에서는 더더욱 페르소나가 중요한데 그 이유가 대중들에게 인공지능은 너무나 환상을 많이 팔고 있어 막상 실제로 사용할 수 있는 인공지능이 드물기 때문이다. '페르소나AI'라는 회사명을 만든 이유도 여기에 있다. 페르소나 방법론을 모든 프로젝트에 반영하겠다는 의지가 담겨있다. 사례를 한번 보도록 하자.

음성안내와 모바일 연계 가능한 AI 키오스크(핀테크지원센터)

보험금 청구를 무인화시킨 AI 키오스크(DB손해보험)

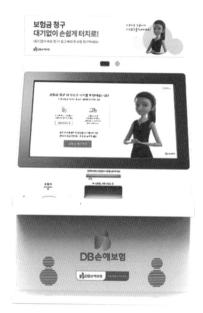

요즘 동사무소에서 어르신들에게 키오스크 교육을 한다는 말에 정말 깜짝 놀랐다. 편리하려고 만든 기계를 이제는 사람이 배워서 써야 한다니 말이다.

보험금 청구를 무인화시키기 위하여 키오스크 앞에 사람이 오면 카메라를 통해 성별, 나이, 감정을 먼저 인식한다. 그리고 그에 맞는 목소리 크기와 화면 글자 크기가 맞춰진다.

어렵거나 불편해서 헤매고 있다면 전화가 울린다. 전화기를 들면 AI가 사람을 안내하며 화면과 함께 동적으로 움직이게 된다. 전화기를 귀에 대는 순간 음성인식률도 좋아진다. 공공장소에서 민망하게 말해야 하는 상황에서도 전화기를 귀를 대게 해줌으로써 덜 어색하게 사용할 수 있도록 만든 것이다.

금융사 점포에 방문해서 업무 처리를 하기까지는 최대 1시간 30분 정도가 소요되는데, 대부분 어르신들은 이를 대기하고 있다고 한다.

그런데 이 키오스크는 3분 만에 업무 처리를 할 수 있게 만들었다. 기술적으로 놀라운 것은 AI반도체가 탑재되었다는 것이다. 페르소나 AI는 AI엔진을 직접 만든 제조사로서 이를 경량화하여 보드와 반도체에 내장시켰다. 이게 2018년이었다.

그 후 시간이 흘러 2022년, AI반도체가 국가적인 지원과 함께 큰 이슈가 되었다. 마치 예정되어있기라도 하듯이 말이다. 어떻게 작은 스타트업이 이렇게 많은 기술과 제품이 있을까? 그것은 모든 기획에 '페르소나 인공지능'이 있었기 때문이다.

기술은 사용자가 원하는 방향으로 흘러가기 마련이다. 예를 들어 콜봇(CALLBOT)도 페르소나AI의 상표이다. 아마 챗봇이 유행했던 당시 존재하지 않았던 용어를 생각하고 출원했기에 가능한 일이다. 이렇게 페르소나 인공지능은 강력한 기획법이다. 또 다른 예로 AI챗봇이 있다.

국내 최다 업무 처리를 하는 전북은행 챗봇

기존 챗봇은 간단한 CS 상담만 가능했고, 질문하면 답이 안 나와서 고객들의 불만이 많았다. 또한 모바일 웹사이트가 툭하면 새 창으로 떠서 고객들은 이럴 거면 그냥 애초부터 모바일 웹사이트를 쓰겠다고 하였다.

전북은행 챗봇에 경우에는 처리형 업무 72가지, 안내형 업무 93

가지를 지원한다. 거기에다가 웹사이트가 새 창으로 뜨는 일도 전혀 없다. 모두 챗봇 내에서 업무 처리가 가능하기 때문이다.

RPA(소프트웨어 로봇)를 연계하여 16가지 업무 처리도 가능하다. 채팅 솔루션도 연계하여 깊은 상담을 원하는 고객에게는 1개의 하이브리드 UI로 챗봇-채팅 전환이 가능하다. 단순한 CS 챗봇에서 한 차원 높인 것으로 AI챗봇의 변화를 이끌고 있다 평가받고 있다.

업무 처리 분야

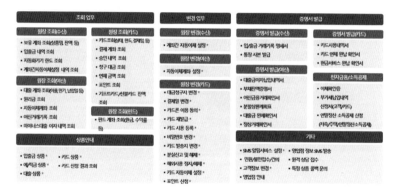

대화형 인공지능

요즘 핫한 Conversation AI(대화형 인공지능)를 알아보자

대화형 인공지능은 자연어처리(NLP) 및 생성 기술을 통해 사용자와 인간과 같은 대화를 나눌 수 있는 인공지능 시스템을 말한다.

자연어란 자연적으로 생겨난 모든 말을 말하며, 이것을 자연어처리라는 기술로 주로 과거에는 검색 시장에서 많이 사용되었다. 현재는 AI스피커, 콜봇, 챗봇과 같은 '대화형 인공지능'이 등장하며 이에 주로 사용되고 있다.

자연어처리(NLP)라는 분야를 기술적으로 들여다보면 NLU(이해)와 NLG(생성)로 크게 나뉜다.

자연어처리 세분화

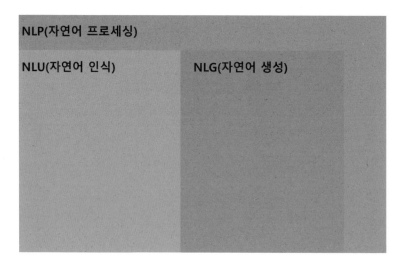

NLP(자연어 프로세싱)

NLU(자연어 인식)   **NLG(자연어 생성)**

이러한 기술을 통해 대화 처리가 가능토록 기술적으로 구성한 자연어처리 시스템 구성도를 알아보자.

자연어처리 시스템

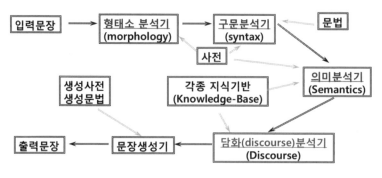

출처 : 서강대 서정연 교수

우리가 사용하는 여러 가지 서비스는 이렇게 다양한 요소 엔진들이 결합하여 대화를 가능토록 한다.

전통적인 자연어처리에 사용된 대표적인 기술로는 다음과 같다.
(출처 : Ngoc Hai)

- **HMM**(Hidden Markov Model) **:** HMM 모델은 음소식별 및 구문 분석과 관련된 문제를 해결하는 데 사용되고 확률 원칙에 따라 작동하며 훈련데이터 세트를 사용하여 구문 및 의미규칙을 학습한다.
- **CRF**(Conditional Random Field) **:** CRF는 자연어처리, 엔터티인식 및 감정 분석을 비롯한 많은 NLP 응용프로그램에서 사용되는 기능기반, 확률기반 모델이다.
- **재귀신경망**(RNN) **:** RNN은 순차 데이터를 모델링하는 데 사용되는 신경망 아키텍처로 기계번역 및 텍스트 분류와 같은 NLP 응용프로그램에서 자주 사용한다.
- **CNN**(Convolutional Neural Network) **:** CNN은 주로 이미지 처리에 사용되는 신경망 아키텍처이지만 텍스트 분류와 같은 일부 NLP 응용 프로그램에도 사용한다.
- **LSTM**(Long Short-Term Memory) **:** LSTM은 긴 시퀀스 데이터를 처리하도록 설계된 RNN 아키텍처입니다. 기계번역, 텍스트 분류 및 텍스트 요약을 포함하여 많은 NLP 응용 프로그램에서 사용한다.
- **Transformer:** Transformer는 기계번역, 텍스트 요약 및 텍스트 분

류를 비롯한 많은 NLP 응용프로그램에 사용되는 신경망 아키텍처로 GPT는 모두 Transformer 아키텍처를 사용한다.

생성형AI(초대형 언어모델)가 발전되는 시기에 발전된 자연어처리 기술로는 다음과 같다.

- **BERT**(Bidirectional Encoder Representations from Transformers) : 대량의 텍스트데이터로 학습된 변환기 아키텍처 기반의 딥러닝 모델이며 BERT는 문장의 맥락을 이해하고 텍스트분류, 기계번역, 정보추출과 같은 복잡한 NLP 작업을 해결할 수 있다.
- **GPT**(Generative Pre-trained Transformer) : 대량의 텍스트데이터로 훈련되고 의미 있는 자연어문장을 생성할 수 있는 변환기 아키텍처 기반의 딥러닝 모델이다.
- **ELMO**(Embeddings from Language Models) : LSTM(Long Short-Term Memory) 네트워크 기반의 딥러닝 모델로 대량의 텍스트 데이터로 훈련되어 문맥에서 단어의 의미론적 표현을 추출할 수 있다. 텍스트 분류, 감정 분석 및 정보추출과 같은 많은 NLP 작업에 사용한다.
- **Transformer-XL** : 긴 텍스트를 처리하고 훈련 중 시퀀스 길이 문제를 해결할 수 있는 고급변환기 모델이다. 음성엔진을 연동하면 챗이 아니라 음성을 통한 대화가 가능하며 전화를 연계하면 콜봇이 된다.

음성대화 기술 요약

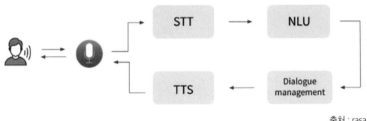

출처 : rasa

STT(Speech-to-Text)로 소리를 글자로 바꾸며 NLU(자연어이해)를 통해 인식하고, 이것을 Dialogue management(학습데이터 관리 툴)로 보내어 데이터를 찾고, TTS(Text-to-Speech)를 통해 글자가 소리로 나가게 되는 원리이다.

NLG(자연어생성)는 앞으로 대화 처리 기술을 크게 확대시킬 기술로, 말을 잘 못 하고 인지가 부족한 자연어처리 데이터를 증가시키고 생성하는 역할을 하게 된다. 기술적인 단계는 단계별로 발전하는 생성형AI는 대화형AI의 기술변화를 촉진했다.

1세대 룰 베이스	2세대 머신러닝(ML)	3세대 머신러닝+딥러닝	4세대 생성형AI
• 기계적 Q&A	• 의사결정 Tree 방식 설계	• 원천기술 보유	• 다중 Interface 연결
• 질문 "A" → 답 "B"	• 문맥(Context) 이해 X	• **Context Switching**	• 생성통한 결합/확장
	• 한 가지 질문에만 답변	• 이전 대화 기억/문맥 이해	
		• 동시에 여러 질문 답변	
		• 감정 인식, 사투리 인식	

4세대인 다중 인터페이스 연결을 통한 결합서비스를 만들어내며 어디에나 AI가 연결되는 'AI anywhere'를 만들고 있다.

이러한 급격한 변화에 따라 글로벌 시장 분석 업체인 마켓 리서치 퓨처(MRF)는 20일(현지 시간) 대화형AI 시장 연구보고서를 통해 최근 큰 인기를 얻고 있는 AI 챗봇 시장이 2030년 325억 달러(약 42조 4515억 원)에 달할 것이라고 예측하고 있다.

또한 포레스트 컨설팅에 따르면 개인화된 서비스의 경우에도 조사대상의 21% 기업들만이 고객 경험들이 개인화되고 있었으나, 향후 2년 이내에 64%로 개인화된 상호작용이 가능한 서비스로 개인화될 전망이다.

이에 기반이 되는 자연어처리는 주로 과거에는 검색 시장에서 많이 사용되다가 대화형AI 시대가 되면서 대화라는 주제로 사용되기 시작하여 현재는 AI스피커, 콜봇, 챗봇과 같은 '대화형 인공지능'이 등장하여 주로 사용되고 있다. 특히 챗봇은 ChatGPT의 출현으로 GPT가 챗봇 형태로 서비스되며 편리한 인터페이스와 대화형이라는 새로운 패러다임을 열었다.

초기의 챗봇은 규칙기반으로 아주 기본적인 기능을 제공하며 스크립트 기반으로 답변하였고 의도인식 챗봇으로 발전하면서 의미 추출과 핵심문장, 각 단어의 품사, 단어 연관도를 통한 응답을 기본으로 하는 챗봇으로 발전했다. 그 후, 대화형 챗봇이 발전하면서 자연어를 이해하고 복잡한 멀티 의도 대화를 처리할 수 있게 되었다. 감정 분석도 가능하게 되면서 상담 챗봇 시장이 크게 발전되었다(출처 : Chris Booth 인용). 이제 LLM(초대형 언어모델)이 발전하며 다중 서비스 처리가 가능한 챗봇으로 발전하게 되는 것이다.

대화형AI 분야에서도 특히 고객서비스, 소셜미디어, 헬스케어, 교육, 엔터테인먼트, 로보틱스, 데이터 분석, 리테일, 비즈니스 운영, 마케팅, 커뮤니케이션, 거버넌스, 물류, 사이버보안, 미디어, 식품, HR 분야에서 빠른 확대가 예상된다.

스탠포드대학교에서 정의한 '기반 모델 : AI 산업화 시대'에 따르면 기반 모델을 통해 하위 업무를 처리하게 되면서 생산성의 혁신이 이루어지고, 그에 따른 관련 서비스가 발전하게 된다.

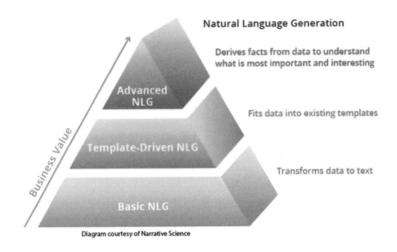

NLG는 크게 3단계로 나누어지는데, 데이터를 단순히 텍스트로 바꾸는 1단계에서 적합한 데이터를 템플릿 형태로 만드는 2단계를 넘어 가장 흥미 있고 중요한 데이터를 이해하고 만드는 3단계의 Advanced NLG가 있다.

쉽게 말해 NLG는 1,000개의 적은 데이터를 10만, 20만 개의 많은 데이터로 증가시켜 학습량을 늘리고, 유의미한 답변을 할 수 있도록 만드는 것이다.

대화형AI 분야는 시장 규모가 약 2조로 글로벌은 50조 규모로 예상된다. AICC(인공지능 컨택센터) 분야는 대표적인 대화형AI 분야로 약 9조 원 규모로 추정되고 있다.

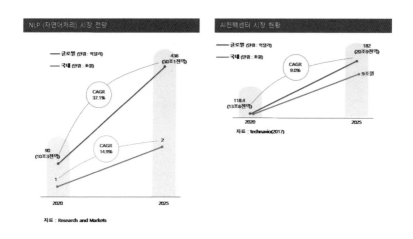

생성형AI 기술은 고객을 직접 대면하고 응대하는 분야에서 가지던 문제를 기술을 통해 해결함으로 급성장했다. 대화형AI에서도 다음과 같은 비즈니스에서 빠른 혁신이 이루어지고 있다.

IT	HR	법률	마케팅	상담
코딩 지원	분야별 평가지 생성	법률문서 해석	온라인 홍보 마케팅 작성	챗/콜 무인 상담
데이터 생성	내부 HR 업무 자동화	법률문서 생성	요약 및 분석	KMS 정제
인식률 증가	-	질의답변 자동화	고객 업무 지원	상담인식률 증가
-	-	-	마케팅 분석	AICC(인공지능 컨택센터)

대표적인 혁신 기술들은 ASR(음성인식), NLU(자연어인식), TTS(음성합성), 제스처인식, 입인식, 사물인식, 안면인식, 감정인식 같은 기술로 산업적 측면에서 바라보면 다음 분야의 뚜렷한 변화가 예견된다.

교육	메타버스	반도체	보안
교육 어드바이저	AI 어드바이저	사용량 증가 예정	악성코드 생성 문제
언어 교육	음성명령 처리	임베디드AI 반도체 사용량 급증	인공지능 보안
교육 훈련	인공지능 결합	-	사이버 보안 증가
문제 출제	가상공간 개발	-	-

대화형 인공지능은 다양한 서비스가 있는데 그중에서도 대표적으로는 챗봇, 콜봇, 스마트튜터를 볼 수 있다.

그 밖에도 텍스트 프롬프트를 통해 생성형 서비스를 이용할 수 있는 다양한 서비스도 함께 발전하고 있으며 이를 결합하는 다양한 사례도 나오고 있다.

핀테크 인공지능

금융과 기술이 합쳐진 핀테크 인공지능을 알아보자

수많은 기술을 앞다투어 시작하는 곳이 바로 금융시장이다. 그 속에서도 핀테크(Financial Technology) 시장이 최근 가장 핫하다.

그 이유가 뭘까? 바로 고객을 대면하고 다양한 업무를 즉시 처리하여 인공지능이 가장 빛날 수 있는 분야이기 때문이다. 따라서 특별히 핀테크 분야를 별도로 다루도록 하겠다.

테크핀(TECHFIN)은 무엇일까? 바로 테크기업의 금융서비스 진출을 의미한다. 예를 들어 카카오의 카카오뱅크 같은 테크기업이 눈부신 성장을 하고 있는데 이들은 5대 은행의 1년간 비대면 가입자 수를 단 7일 만에 돌파했다.

금융시장에서 혁신의 아이콘이라는 BBVA Bank의 곤잘레스 회장은 "은행이 디지털화되지 않으면 모두 망한다. SW 회사가 되어야 한다"고 말했을 정도이다. 그야말로 전 세계적으로 인공지능을 앞다투어 도입하는 핀테크 시장의 시대가 도래한 것이다.

〈맥킨지〉에 따르면 자기자본 이익률이 계속 낮아지는 금융업은 이제 인프라(자산, 서비스, 설비)에서 기술/플랫폼으로 급격히 변화하고 있다.

자기자본 이익률이 50% 이하로 줄고 있으며 금융기관 직원 수도 35%가 넘게 감소했다. 이에 반해 디지털라이제이션은 50% 이상 성장하고 있다.

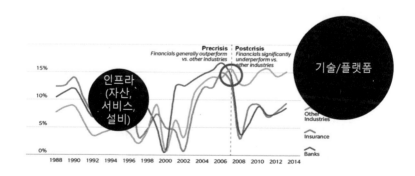

〈맥킨지〉는 미래 금융을 다음과 같이 말한다.

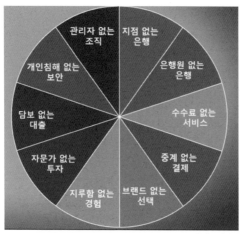

출처 : 맥킨지

결국, 이 모든 것은 인공지능이 핵심이 된다. 그렇다면 해외 사례로는 어떤 게 있을까? 중국의 디지털 보험회사인 중안(Zhong An)보험이 있다.

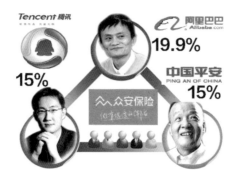

인공지능 기반 토털 보험 서비스(설계에서부터 청구, 지불까지)를 진행하는 중안보험은 놀라운 성과를 만들고 있다.

성장	오프라인 지점	플랫폼사업자
5억명 **82억개 판매**	**없음**	**200여개 협력** **매출 85%**

직원수	엔지니어	영업담당
1700명	**52%**	**5%**

오프라인 지점이 전혀 없음에도 82억 개의 보험을 판매하고 있는 곳으로 혁신을 이어가고 있다.

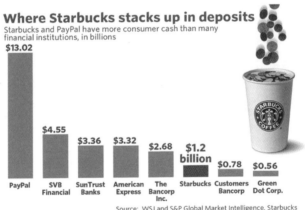

우리가 잘 아는 스타벅스도 마찬가지이다. 고객 예탁금만 12억 달러(2016년 기준)으로 밝혀져 있으며 이는 웬만한 미국 은행보다 많은

금액으로 규제 완화 후에는 등장을 예고하고 있다.

그 외에도 국내 금융권에는 챗봇, 콜봇이 활성화되며 거의 모든 기업에 적용되고 있는데 가장 기초적인 인공지능으로 전통적인 데이터를 디지털 데이터로 바꾸며 서비스를 시작하였다. 그 후 콜봇이나 TA 분석 등 여러 가지 형태로 기업마다 추가적인 서비스로 확대해 가고 있다.

<국내 금융권 챗봇 주요 도입현황 (2018.2.23. 기준)[1]>

업 권	기관명	서비스명	도입시기	플랫품	AI 적용
은 행	농협은행	금융봇	2016.10.	카카오톡	X
	우리은행	위비봇	2017.9.	자체 플랫폼	O
	하나은행	핀고	2017.9.	자체 플랫폼	O
	신한은행	쏠	2018.2	자체 플랫폼	O
증 권	대신증권	벤자민	2017.2	자체 플랫폼	O
보 험	라이나생명	-	2016.11	카카오톡	X
	DB손해보험	알림톡	2016.12	카카오톡	X
카 드	현대카드	버디	2017.8	자체 플랫폼	O
	신한카드	모바일 챗봇	2017.6	네이버 등	X
저축은행	웰컴저축은행	웰컴봇	2017.9	카카오톡	O
	OK저축은행	오키톡	2017.9	카카오톡	X
	JT친애저축은행	-	2017.8	카카오톡	X
	KB저축은행	케비봇	2017.12	자체 플랫폼	X

출처 : 금융보안원

자동차와 인공지능

인공지능의 만남으로 자동차는 더 이상 운송 수단이 아니다

페르소나AI를 만들면서 멤버들은 모두 자동차의 미래를 상상했다. 무인차가 등장하면 결국 핸들이 없어지고 모든 컨트롤을 말로 하게 될 것이다. 따라서 임베디드 반도체가 결국 차 안으로 들어가겠구나 하는 생각이었다.

실제 2023년 현재 자율주행 자동차가 나오고 현대차는 사물에 이동성(MOT, Mobility of Things)을 부여하고 있다. 이런 여러 전기차의 발전으로 AI 발달도 가속화되고 있다.

예상했던 대로 모 AI 기업의 주행 중단 사태로 자동차 내 내비게이션 문제가 발생했고, 나아가 언젠가는 해킹의 이슈도 생겨날 것이다. 결국 임베디드 AI 반도체야말로 엔진이 임베디드 되어 해킹이 불가능한 형태로 진화할 것이다.

〈쥬라기 공원〉(1993)을 보면 인공지능 로봇이 차를 운전하고 있다. 그만큼 인류는 자동차 운전과 새로운 공간이라는 면에서 인공지능을 오랫동안 꿈꿔왔다.

영화 〈토탈 리콜〉(1990)의 한 장면으로, 운전하는 인공지능 로봇이 사람과 '대화'까지 하는 모습을 볼 수 있다.

영화 〈로건〉(2017)의 한 장면이다. 재미있는 부분은 저 트럭 안에는 운전석이 아예 존재하지 않는다는 점이다.

〈마이너리티 리포트〉(2002)라는 영화에서는 차가 톰 크루즈의 집 창문으로 사람을 내려준다. 운전석은 따로 없고 편히 누워서 일을 하거나 쉬면서 인공지능이 운전해주는 차량을 타고 온다.

영화 〈아이, 로봇〉(2004)에서는 본격적으로 화면에 인공지능 메타 휴먼이 나타나기 시작한다. 모바일이 연계되고 음성으로 대화를 하며 운전 외에도 여러 정보 전달과 소통이 이뤄진다.

이러한 상상력은 실제가 되고, 실제 많은 자동차 기업들이 인공지능을 융합하는 작업을 시도하고 있다.

아우디와 디즈니의 협업 'CarinVR'

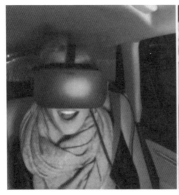

현대모비스의 대화면 인포테인먼트 콘셉트

기아차의 감정인식 디스플레이 탑재 콘셉트

로봇과의 대화

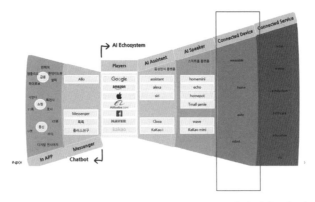

출처 : 인픽스, 재구성

이제 커넥티드 디바이스로 시대를 지나 웨어러블 시대로 들어서고 있다. 자동차 안에도 임베디드 되며 사람과 인공지능이 서로 소통하고 영화처럼 정보를 주고받는 새로운 공간이 만들어진다. 인공지능의 위협만 말하기보다는 이제 인공지능과 함께 살아갈 새로운 아이디어와 창의성이 요구되는 시대이다.

2장

인공지능 실전 기획

* 서비스 기획
* 관리 방식 구성
* 착수 및 사전 준비
* 분석하기
* 설계하기
* 구현 시작
* 테스트/안정화

서비스 기획

목적에 맞는 서비스 기획 + 기술 융합

인공지능의 기획은 기존 서비스 기획과는 큰 차이점을 보이는데 우선 기술에 의존적인 경우가 대부분이다. 구현하려는 서비스가 가능한 기술인지, 또 어느 정도의 H/W 스펙이며 서비스 구동이 가능한지, 학습 기간이나 학습 데이터 수는 어느 정도인지도 서비스에 큰 영향을 미친다. 따라서 일반적인 서비스와 달리 인공지능 기획에는 반드시 기술과 함께 임할 필요가 있다.

기존 서비스를 분석하고 경쟁사의 경쟁 제품을 비교하며 테스트하는 일반적인 방법도 중요하지만, 실제 기술 조사를 꼼꼼히 하면서 'How' 중심의 일반적인 서비스와 달리 'What' 중심으로 누구에게 무엇을 제공하는가의 관점으로 보아야 한다.

[그림1] **구상 단계에서의 기간계 시스템 개발과 AI의 차이**

	기간계 시스템 개발 프로젝트	AI 프로젝트
프로젝트 종류	패키지 도입 시스템 이행 시스템 통폐합 등	신규 서비스 개발 업무 지원 AI 툴 개발 등
대처 과제의 검토 상황	과제가 명확 (코스트 삭감 등)	정해져 있지 않다 (누가 어떠한 과제를 해결해야 할지부터 결정)
해결 방침	해야 할 것이 보인다 (패키지 도입/인프라 아키텍쳐 쇄신 등)	정해져 있지 않다 (이제부터 해결 방법을 결정한다)
구상 단계의 작업 내용	How가 중심 (제품 선정이나 코스트, 계획 등)	What가 중심 (누구에게 무엇을 제공하는가)

출전 : Nikkei systems 2019.1월호

그 후 데이터와 학습 모델 관점에서 점검을 해야 하는데 AI로 해결하고 싶은 과제를 먼저 설정하고 가설을 세운 뒤 데이터 수집/가공/라벨 부여 그 후 모델 구축/학습을 지나 평가 분석을 통해 결정한다.

[그림2] **교사 있는 학습의 AI를 이용한 시스템 개발 프로세스와 재작업의 주된 원인**

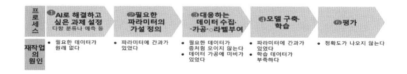

* **NIKKEI SYSTEMS 2019.10** 기사 참조 및 가필

큰 틀에서 보면 전략기획은 사이트진단(신규라면 시장 분석) 〉 문제

점파악 > 방향수립 > 수익모델 > 서비스기획 순으로 보통 기획을 하게 된다.

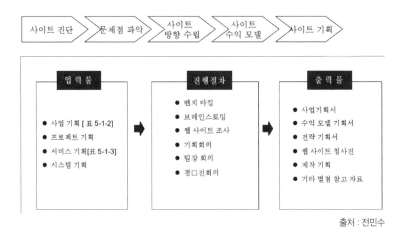

출처 : 전민수

사업기획은 시장조사 > BM 설계 > 비즈니스전략 > 재무계획으로 크게 나눌 수 있는데 각각의 항목을 살펴보고 분석해보자.

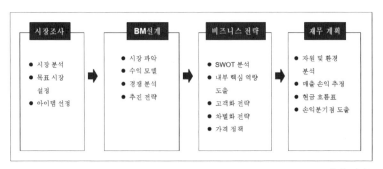

출처 : 전민수

서비스기획은 사이트평가를 통해 벤치마킹이나 문제점을 발견하고 대안을 도출한 후 고객을 분석하고 사용자를 정의한다. 서비스 목표를 정의하고 이에 따른 핵심과업, 즉 서비스 시나리오를 구상한다. 서비스 콘셉트를 도출하고 제작기획을 실행하게 되는 것이다. 개발사나 개발팀에는 이와 같은 진행을 해나가지만 별도로 운영팀은 운영기획을 해나가며 전략을 기획하게 된다.

운영기획은 원칙기획, 콘텐츠 조달 방식, 관리모듈 제작, 업데이트 매뉴얼 제작 같은 여러 가지 내부적인 기획이 실제 완성된 서비스와도 잘 맞물려 운영될 수 있도록 준비하고 기획하여야 한다. 상세내용은 다음을 참고해보자.

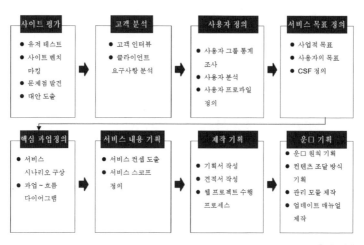

출처 : 전민수

관리 방식 구성

관리 인력, 관리 방법론, 구축 프로세스를 정의

구축 방식을 정의하고 사업 담당자 PM, PL 등 관리자를 지정한다. 무엇보다 AI를 이해하고 있는 관리자여야 특수성이 많은 서비스를 원활히 구축할 수 있다.

수행 PM			

고객사	고객사
고객사 담당	고객사 책임

PL	PL

개발 A	연계/연동/공통	데이터 라벨링	기획 / 학습

딥러닝	디자인/퍼블	인프라

단계	Activity	Task
착수 및 분석	착수	WBS 작성 및 착수보고
	요구사항 분석	고객 요구사항 취합 및 요구사항 분석/정의
	사전준비사항 안내	사전준비 문건 리뷰(교육)
설계	인프라 구성	시스템 구성 설계 및 개발 시스템 구성
	화면 설계	연계 서비스의 화면 설계서 작성
	인터페이스 설계	단위별 인터페이스 업무 협의 및 설계
	데이터베이스 설계	고객사 데이터베이스 설계서 확인/수정 및 테이블 정의서 작성
	시나리오 설계	일반/고객 연계 시스템 연계 시나리오 작성 및 확정
	디자인 개발	챗봇 디자인 시안 및 확정
개발	커스터마이징	시스템 연계 및 관리자 커스터마이징 개발 진행
	소스코드 점검	컬취약점 등 소스코드 점검 및 컬과 조치
	종합 및 단위테스트 계획	종합 테스트 계획 수립 및 단위 테스트 진행/결과 조치
	FAQ 데이터 수령 및 검토	FAQ 데이터 수령 및 검토
	데이터 생성	FAQ 데이터의 확장 데이터 생성
학습	데이터 품질 확인 및 보완	생성된 데이터의 품질 확인 및 보완
	온톨로지 구축	데이터 구축 완료 후 챗봇 온톨로지 구축 진행
	학습 테스트	온톨로지 구축 학습 데이터를 테스트하여 추가 학습 및 재학습 진행
개발 테스트	통합 및 인수 테스트	통합테스트 및 인수 테스트 / 시스템 이용 진행
교육 및 이행	교육 및 이행	교육 진행 및 서비스이관 및 시스템 이행 진행
원료보고	인수인계	업무 인수인계 및 산출물 제출
	완료보고 및 시범 종료	완료보고서 제출 및 완료보고회 진행

수행 방법론을 정의하는 데는 여러 사항을 고려하여야 한다.

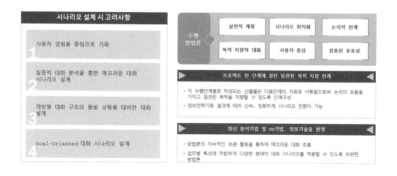

구축계획 수립을 위해 내부(외부) 시스템이 구동되는 플로우를 분석/설계한다.

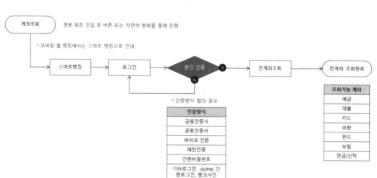

해당 차트가 완료되면 시나리오 데이터를 구성하면 된다. 이후 세부적인 데이터 구축 흐름도를 구성해야 하는데, 이에 관해 다음 페이

지를 참고할 수 있다.

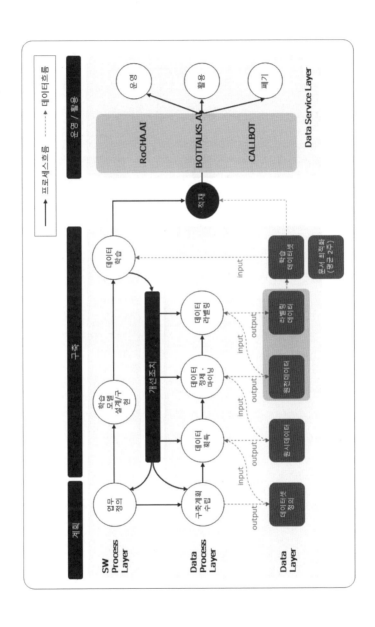

데이터 품질에 대한 관리 모델도 정의하게 되는데 일반적인 방법론은 다음과 같다.

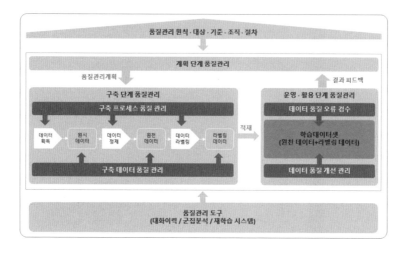

착수 및 사전 준비

관리 인력, 관리 방법론, 구축 프로세스를 정의

프로젝트 착수를 위해 현업 및 IT 담당 배정을 하고 조직을 구성하게 된다.

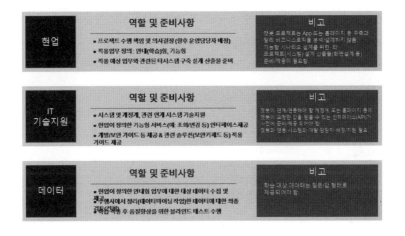

	역할 및 준비사항	비고
현업	• 프로젝트 수행 책임 및 의사결정 (향후 운영담당자 배정) • 적용업무 정의: 안내(학습)형, 기능형 • 적용 대상 업무와 관련된 타시스템 구축 설계 산출물 준비	챗봇 프로젝트는 App 또는 홈페이지 등 구축과 달리 비즈니스로직을 분석/설계하지 않음 기능형 시나리오 설계를 위한 단 프로젝트(시스템) 설계 산출물(화면설계 등) 준비/적용이 필요함.
IT 기술지원	• 시스템 및 개정계, 관련 연계 시스템 기술지원 • 현업이 정의한 기능형 서비스(예: 조회/변경 등) 인터페이스제공 • 개발/보안 가이드 등 제공 & 관련 솔루션(보안키패드 등) 적용 가이드 제공	챗봇이 연계/연동하여 할 계정계 또는 홈페이지 등에 챗봇이 요청한 값을 받을 수 있는 인터페이스(API)가 사전에 준비/제공 되어야 함 챗봇과 연동 시스템의 개발 담당자 배정/지원 필요
데이터	• 현업이 정의한 안내형 업무에 대한 대상 데이터 수집 및 재공행사에서 정리(데이터마이닝 작업)한 데이터에 대한 최종 검토/승인 후 품질향상을 위한 블라인드 테스트 수행	학습 대상 데이터는 질문/답 형태로 제공되어야 함

수행사와 현업의 학습 범위와 관리 영역을 세분화하고 이를 정의하여야 한다. 특히 AI 구축 후 이를 충분히 테스트할 수 있는 블라인드 테스트 방법, 인력도 정하게 된다.

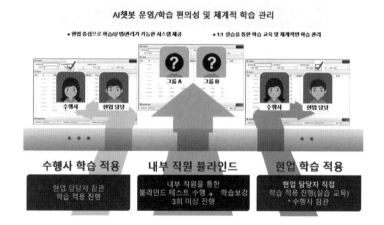

또한 인프라에 대한 설계나 소프트웨어 구성도를 만들고 이를 정의하여 구성원 모두와 공유하도록 한다.

인프라 예시

업무와 대상자, 산출물을 정리해보았다. 웹 기획에 대한 프로세스나 산출물이 조금씩 다를 수 있지만 먼저 정석적인 내용을 알아보자. (출처 : 웹만사 겨울바다, 재구성)

어떤 업무 프로세스로 우리 서비스가 개발되는 것인지 그리고 그 과정 동안 우리가 준비해야 하는 것은 무엇이고 어떤 역할을 하게 되는지 궁금할 것이다. 그러나 이것은 정석적이고 SI 같은 대형프로젝트가 아닌 이상 모두 동일하게 진행되는 것은 아니므로 참고만 하도록 하자.

분류	상세과정	대상자	산출물
사전조사	RFI	고객, PM	-
	RFP 작성	고객	RFP
	요구사항 분석 /영업환경 분석	PM	RFP 요구분석정의서
	프로젝트 영업평가보고서 작성	PM	프로젝트 영업평가보고서
	프로젝트 진행 여부 결정	PM	-
	제안팀 선정 협의	PM	-
	자료조사	PM, 기획, 디자인, 개발	-
	브레인스토밍	PM, 기획, 디자인, 개발	-
벤치마킹	자사사이트 정의	PM, 기획	-
	벤치마킹시트 작성	PM, 기획	벤치마킹정의서
구축 콘셉트	고객 인터뷰	고객, PM	질의서, 요구사항정의서
	웹사이트구축전략서 작성	PM, 기획	웹사이트구축전략서

분류	상세과정	대상자	산출물
제안서 작성	제안서 목차 초안 작성	PM	-
	제안서 작성/협의	PM	제안서 초안
	메인화면 설계(프로토타입)	PM, 기획	프로토타이스토리보드
	메인디자인 시안	PM, 디자인	디자인 시안 및 콘셉트
	제안서 기술부분 작성	PM, 개발	기술부분제안서
	제안서 완성	PM, 기획, 디자인	제안서
	내부 프레젠테이션	PM, 기획, 디자인, 개발	-
	고객 프레젠테이션	고객, PM, 기획	-
	수주 여부 파악 및 결정	고객, PM	-
	영업평가	PM, 기획, 디자인, 개발	영업평가서
프로젝트 리뷰	작업범위정의서 작성	PM, 기획, 디자인	
	작업범위정의서 고객 협의	고객, PM	작업범위정의서 -수행계획서
	계약 선 문안 고객 협의	고객, PM	-
	프로젝트 계획 내부 미팅	PM, 기획, 디자인, 개발	-
	최종견적 작성	PM	-
	계약서 작성	PM	계약서
	계약체결 및 세금계산서 발행	고객, PM	
착수	인력 구인	PM, 기획, 디자인, 개발	채용계획서
	투입인력 프로필	PM	투입인력 프로필
	투입인력별 개발 일정	PM	투입인력 일정표
	착수 킥오프	PM, 기획, 디자인, 개발	-
	일정 수립	고객, PM	WBS
	업무 협의	고객, PM	회의록
사이트 설계	콘텐츠 요청	PM	
	콘텐츠 수급	고객, PM, 기획	콘텐츠정의서, 수급계획서

분류	상세과정	대상자	산출물
사이트 설계	정보 설계	고객, 기획	IA
	서비스구조 협의	고객, PM	구조도, 기능정의서, 서버정보, 서버견적서
	UI 스토리보드 작성 및 승인	고객, PM, 기획	UI 스토리보드
	스토리보드 작성	기획	스토리보드
	스토리보드 승인	고객, PM, 기획	-
	디자인 설계	PM, 디자인	디자인 콘셉트, 스타일 가이드
	디자인 시안 작업	디자인	디자인 시안
	디자인 PT 및 승인, 수정	고객, PM, 기획, 디자인	-
	프로그램 설계 및 승인	고객, PM, 기획, 개발	-
	테스트시나리오 작성	PM, 기획, 개발	테스트기준정의서, 테스트시나리오
개발 진행 (디자인)	기능페이지 디자인	디자인, 개발	-
	기능페이지 코딩	디자인	퍼블리싱
	기능/디자인 연동	개발	-
	콘텐츠페이지 디자인	디자인	-
	콘텐츠페이지 코딩	디자인	-
	디자인 작업	디자인	이미지 파일
	디자인 서브페이지 고객 검수	고객, PM, 기획, 디자인	-
개발 진행 (프로그램)	DB 설계	개발	DB설계서
	기능 구현/코딩	개발	-
	기능/디자인 연동	개발	-
	프로그램 작업	PM, 개발	프로그램설계서
	개발 서버 구축 후 기능 구현	개발	-
테스트	단위테스트	PM, 기획, 디자인, 개발	-
	오류사항 수정	기획, 디자인, 개발	-
	데이터마이그레이션	개발	-

분류	상세과정	대상자	산출물
테스트	통합 테스트	고객, PM, 기획, 디자인, 개발	테스트시나리오결과서, 오류보고서
	서버 이관	PM, 개발	-
	사이트 내부 오픈	PM, 개발	-
	오류사항 수정	PM, 디자인, 개발	검수확인서
완료 보고	프로젝트 완료	고객, PM, 기획	프로젝트 평가보고서
	사이트 정식 오픈	-	-
	오류사항 수정	PM, 디자인, 개발	-
	프로젝트 종료	PM, 기획, 디자인, 개발	완료보고서, 산출물보고서, 디자인 시안

분석하기

AI 프로젝트를 분석하고 여러 문서로 정리하는 작업

개발표준가이드, 요구사항정의서, 기능정의서, 요구사항 추적표를 작성한다. 일반적인 IT 프로젝트와 유사하지만 요구사항정의서의 경우 AI 관련 정리와 모델이나 학습 방법 등 다양한 정리가 필요하다.

번호	대분류	중분류	요구사항명	요구사항 ID	요구사항내용	요건구분	구현 방안
1	지식관리 영역	미답변 대화 관리	미처리 미답변	RD-CS-F2001	› 미답변 대화 관리 - 미처리(신뢰도 낮은) 현황 분석	기능	답변 못한 질문 리스트 및 선택 학습 시킬 수 있는 기능 제공
2	지식관리 영역	미답변 대화 관리	유사질문	RD-CS-F2002	› 유사질문 그룹핑, 빈도수 자료 제공	기능	카테고리별 주요 군집 현황 분석을 통해 유사질의 사례 식별 후 현행 카테고리 하위에 추가적으로 세분화할 카테고리가 존재하는지 확인하고, 실시간으로 계층적인 군집결과 자료를 제공하도록 구현
						기능	
						기능	
						기능	
						기능	
						기능	
						기능	
						기능	

RFI란 Request for Information의 약자이고, 발주자가 RFP를 작성하기 전에 프로젝트 계획 및 수행에 필요한 정보를 수집하기 위해

몇 곳의 공급업체에 요청하는 정보요청서로써, RFP와 달리 형식에 구애받지 않고 발주자의 반영사항을 반영하여 관련 업체에 요청한다. (출처 : 이원세, 재구성)

RFP는 Request for Proposal의 약자로, 클라이언트가 자사의 목적에 맞는 여러 가지 사항을 일목요연하게 정리하여 프로젝트를 수주할 업체에게 제시하는 문서 형식이다. RFP를 작성하는 목적은 제안을 요청하는 업체가 자신들이 진행하려는 프로젝트의 성격을 분명히 밝히고 그 목적에 맞게 해당 업체를 선정하려는 데 있다. (출처 : 모그니)

RFP는 사업범위와 목적을 확인하고 명확하게 요구사항을 전달하며, 사업목적의 추적성 역할을 한다. 사업기획단계부터 제안, 입찰, 계약, 수행, 유지보수 전 단계에서 요구사항 제시 역할을 하는 것이다. (출처 : 이원세, 재구성) 그러므로 정성 들여 쓴 RFP는 추후 개발사를 찾아 입찰을 유도할 때 중요한 자료로 활용된다.

단순한 내용의 전달보다는 이것을 보고 개발사가 제안할 수 있도록 해야 하는데 쉽고 간단명료하게 이해할 수 있도록 정확하게 작성하는 게 좋다. 이때 사업의 개요가 가장 핵심적인 부분이다. 목적이 무엇이고 향후 어떤 방향으로 이 사업을 운영할 것인지 그리고 요구사항의 필요 이유는 무엇인지를 작성한다. 혹시 환경 분석이 되어있다면 첨부하고 참고할 만한 사이트나 자료를 제시하는 것도 좋은 방법이다.

제안서 제출에 대한 정확한 기준을 제시해야만 RFP를 만든 의미가 있을 것이다. 받은 후에는 그 기준에 따라 선정하고 계약을 진행하면 된다. 다음 목차를 참고하도록 하자.

출처 : 넷마루

서비스 개발 전에는 주로 개발사에서 다음과 같은 질문을 하면서 체크를 하게 된다.

	분류	Content	고객 요구 사항
1	기능	귀사가 웹 사이트를 통해 방문자들에게 전달하고자 하는 가장 중요하고 근본적인 메시지는 무엇입니까?	
2		귀사의 기술적 서비스 구조는 시스템 관리자, 프로그램 개발자, 컨설팅 회사와 진행중인 관계를 맺고 있나요?	
3		그렇지 않다면 사이트는 무엇을 보여 주길 원합니까?	
4		그룹 사이트는 마케팅 사이트를 지향합니까?	
5		만약 그렇다면 그들과의 관계가 어떤 방식으로 이루어지고 있는지 기입하여 주십시오.	
6	비기능	경쟁사 대비, 귀사의 웹 페이지가 어떻게 다르게 인지되길 바라십니까?	
7		웹 사이트를 새롭게 구성할 때 시간 배분은 어떻게 하시겠습니까? (6개월, 9개월, 1년)	
8		웹 사이트와 관련, 광고를 맡길 때 귀사의 규칙은 무엇입니까?	
9		추천하는 웹 사이트의 URL과 그 이유를 서술하여 주십시오.	
10		현재까지의 웹 사이트에 관련된 모든 흐름과 보고된 정보를 제공해 주십시오.	
11	컨텐츠	기존 사이트의 컨셉트는 무엇이었습니까?	
12		이 브랜딩을 위해 어떤 목소리로 가기를 바랍니까?(은유적/직설적)	
13		새로운 컨텐츠를 사용한다면 내부에서 충당할 예정입니까? 아니면 외부에서 공급 받을 예정입니까?	
14		컨텐츠의 기본 구조는 무엇이고 어떻게 구성되어 있습니까?	
15	디자인	귀사가 어떻게 보여지고, 귀사에 대해 어떤 느낌이 들기를 바랍니까?	
16		귀사는 인쇄체제의 표준을 가지고 있나요?	
17		귀사의 광고가 은유적이길 바랍니까? 아니면 직설적이길 바랍니까?	
18		귀사의 사이트를 통해 사용자에게 인지되어야 할 이미지를 세 개 정도의 형용사로 표현해 주시기 바랍니다.	
19	시스템	어떤 웹서버 프로그램을 어떤 플랫폼에 무슨 목적으로 설치했습니까?	
20		어떤 타입의 데스크탑 하드웨어가 이 네트워크에 연결되어 있습니까?	
21		어떤 회사의 데이터베이스 S/W를 구입했습니까?	
22		어떤 OS를 사용합니까? 어느 정도의 사용자가 이 OS를 사용합니까?	

출처 : 제일기획, 하재승·김지연

벤치마킹은 경쟁 업체의 경영 방식을 면밀히 분석하여 경쟁 업체를 따라잡음 또는 그런 전략을 말한다. 이를 정리하여 비교·분석한 문서가 바로 벤치마킹정의서다. (출처 : 네이버 사전)

사전과정에서 중요한 것 중 하나가 벤치마킹을 통해 경쟁자들을 상세히 파악하고 분석하는 것인데 현재의 트렌드 또한 파악이 가능한 문서라고 할 수 있다. 경쟁자들의 디자인이나 콘셉트, 운영되고 있는 서비스의 성격과 반응을 비교·분석해보자.

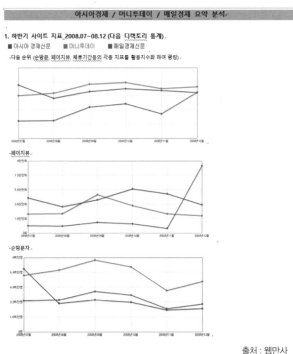

출처 : 웹만사

아주 좋은 샘플이라고 할 수 있다. 전체 랭킹, 페이지뷰, 순 방문자 같은 상세한 데이터를 얻어 분석하면 좋다. 네이버 데이터랩(http://datalab.naver.com/)을 활용해도 어느 정도 조사가 가능하다.

2. 디자인&인터페이스

	아시아경제신문	머니투데이	매일경제신문
로고	아시아경제	머니투데이	매일경제 mbn
탑	로고-자사이벤트배너-검색바	로고-투자뉴스링크-뉴스종합링크-스타뉴스링크-광고	배너광고/패밀리사이트-로고-배너광고/로그인/회원가입/구독신청
메뉴(1Depth)	뉴스종합-국제투자-포커스	재테크-성공학-바이오&헬스-경제-산업-정보미디어-국제-금융-보험-부동산	뉴스-증권-부동산-교육-스타투데이-블로그-커뮤니티-디자인-인사노무
GNB 바로가기	스투 로그인,회원가입,아이디/비밀번호, 실시간뉴스속보	MTN, 자동차, MTTV 로그인/회원가입 창업센터, RSS,스크랩,문서보기,MT	mbn 생방송, 경제용어, English News 검색바
레이아웃	센터정렬, 가로 961plx, 3 단구성	레프트 정렬, 가로 900plx, 3 단구성	센터정렬, 가로 990plx, 3 단구성
컬러	CI 색의 영향으로 전체적으로 빨간색, 중하단부 뉴스 타이틀 파란색	CI 색 착용하여 황색 계열 사용, 중하단부 뉴스타이틀 파란색	CI 색 착용하여 전체적으로 오렌지색
광고 및 기타	메인페이지 광고영역이 적은편, 아시아경제 주요기획이슈	레프트정렬로 인한 오른쪽 여백으로 광고 영역으로 활용. MT 서비스	날씨. MK 서비스

3. 서비스

	아시아경제신문	머니투데이	매일경제신문
기사페이지 내 서비스	폰트사이즈 조정, 출력, 메일전송, 댓글	스크랩(마이데스크) 메일전송, 주소복사, 댓글, 평가	경제용어 폰트사이즈조정, 블로그스크랩 출력, 메일전송, 모바일 전송, 댓글
마이페이지	회원정보수정, 회원탈퇴, 메일수신설정	회원정보, 결제정보(유료서비스), 회원탈퇴	회원정보, 유료서비스 안내, 신문구독, 이용약관, 결제 내역
RSS 제공	제공하지 않음	제공함	제공함
검색	통합검색, 뉴스, 종목뉴스, 포토뉴스 결과, 기간과 범위 설정	통합검색, 종목, 뉴스, 태그, 이슈, 칼럼 결과, 검색옵션(범위, 기간) 설정가능	통합검색, 뉴스, mbn,재테크, 경제용어, 인물 검색결과, 검색어 자동완성 기능

출처 : 웹만사

샘플을 참고하되 항목들은 우리 업종에 맞게 바꾸어서 비교해보면 된다.

설계하기

실제 구현을 위한 설계를 하는 과정

프로그램정의서, 인터페이스정의서, 테이블정의서, 인터페이스설계서 등 실제 구현을 위한 상세한 문서 정리를 진행한다. 화면설계서와 시나리오설계서도 작성한다.

AI 설계를 할 때 중요한 사항 중 하나는 기존 서비스와의 연계를 위한 물리적인 관점과 학습데이터 등을 고려해야 한다는 점이다. 제품보다는 사람을 위한 관점에서 서비스를 설계하고 구축하도록 하고, 추가적인 재학습이 가능토록 서비스를 설계하는 것도 잊지 말자. 상세한 고려를 거쳐 설계된 AI는 큰 비용의 절감이 가능하다.

사이트맵이란 웹사이트를 구성하는 페이지 목록으로 사용자 혹은 크롤러가 웹사이트를 이용할 때 웹사이트에 접근 가능한 페이지의

목록을 말한다. (출처 : 시사상식사전)

　다양한 형태의 사이트맵이 존재하는데 핵심적인 것은 전체 메뉴와 하위 메뉴 간의 구성을 표현하는 것이다. 여러 가지 형태가 존재하나 스타트업은 아주 빈번하게 메뉴명이나 구조가 바뀌기 때문에 다음과 같은 형태로 작성해도 충분하다. 메뉴를 모두 분류화하고 누락된 페이지는 없는지를 체크할 수 있다.

서비스명					
제품분류	**게시판**	**마이페이지**	**기능**	**검색**	**입점샵**
• 카테고리1	• 회사소개	• 마이페이지	• 로그인	• 통합검색	• 제품카테고리
• 카테고리2	• 공지사항	• 주문내역	• 회원가입		• 게시판(공지)
• 카테고리3	• FAQ	• 1:1문의	• 아이디/비번찾기		• 고객센터
• 카테고리4	• 고객센터	• Wishlist	• 장바구니		• 입점샵 내 검색
	• 이용안내	• 단골매장	• 개인정보취급방침		
	• 후기	• 회원정보	• 이용안내		
		• 회원탈퇴	• 이용약관		

출처 : 구글

　IA(Information Architecture)는 인포메이션 아키텍처, IA(아이에이), 정보구조, 정보설계라고도 부르는데, 개인적으로는 간단하게 '메뉴구조도'라고 부르기도 한다. (출처 : largess 티스토리)

　IA 작성의 목적은 크게 다음처럼 나눌 수가 있다.

- 정보 체계의 정립

- Navigation System

- Labeling System

- Search System

- Contents Design

(출처 : justwonstalk 티스토리)

작성된 샘플은 다음과 같은데, 일반적인 사이트맵보다 좀 더 깊이 (Depth) 있게 정리한 것이다. 관련 화면과 관련 기능, 설명, 타입, 디렉토리명을 정의할 수 있다.

OOO 웹 사이트 IA 구성도 (Sitemap)

1Depth	2Depth	3Depth	4Depth	관련 화면	관리기능	설명	타입	Directory	File Name
회사소개									
	회사개요					텍스트	html	introduction	introduction
	CEO	인사말				텍스트	html		ceo
		개인이력				텍스트	html		ceo_career
	회사연혁					텍스트	html		history
	경영이념					텍스트	html		management
	경영전략					텍스트	html		strategy
	조직현황					텍스트	html		organization
	기술연구소 현황	기술연구소의 소개				텍스트	html		study_introduce
		연구개발분야 및 실적				텍스트	html		study_field
		특허현황				텍스트	html		study_special
		실용신안현황				텍스트	html		study_use
		의장현황				텍스트	html		study_design
	복지제도					텍스트	html		welfare
	채용정보	인재상				텍스트	html		job_1
		인사제도				텍스트	html		job_2
		채용기준				텍스트	html		job_3
		채용접수			○	폼메일	DB		job_4
				접수결과			DB		job_4_result
	오시는 길			본사		이미지			map
기업 홍보실	언론보도			리스트	○	게시판	bbs	pr	bodo_list
				내용			bbs		bodo_view
	회사뉴스			리스트	○	게시판	bbs		news_list
				내용			bbs		news_view
	홍보자료	신문					html		newspaper
		잡지					html		magazine
		옥외광고					html		top
				팝업템플릿			html		pr_pop
	Photo Library	기업관련					DB		photo_company
		제품관련					DB		photo_product
		기타					DB		photo_others
				팝업템플릿			DB		pop_photo
	CI 소개	Basic System				텍스트	html		ci_1
		시그나처				텍스트	html		ci_2
		컬러시스템				텍스트	html		ci_3
	BI 소개					텍스트	html		bi
	전시장안내			리스트	○		DB		display_list
				내용			DB		display_view
	Home Network, e-홈보관						html		network
	Home Automation 가상체험관						html		automation
사업영역									
	Home Automation					텍스트	html	business	business
		홈오토메이션의 정의				텍스트	html		ha_define
		홈오토메이션 구성도				텍스트	html		ha_composition
		홈오토메이션 기능				플래어			ha_function
		홈오토메이션 제품소개				게플리스트	DB		ha_product
		주요구축사례							hacase_list
									hacase_view
	Home Network	홈네트워크의 정의				텍스트	html		hn_define
		홈네트워크 구성도				텍스트	html		hn_composition
		홈네트워크 기능				플래어			hn_function
		홈네트워크 제품소개				게플리스트	DB		hn_product

출처 : 모그니

위 문서를 완벽하게 작성하긴 힘들더라도 최소한 문서를 읽고 이해할 수 있다면 충분히 개발팀이나 개발사와 소통할 수 있을 것이다. 보통 내부 기획자가 있다면 스토리보드를 정석적으로 제작할 수 있을 것이다, 혹은 개발사에게 의뢰한다면 스토리보드를 제작해준다.

스토리보드가 완성되면 디자이너는 명시된 내용을 가지고 화면을 디자인하며 개발자는 스토리보드를 보고 프로그램을 개발하므로 스토리보드에는 디자인과 DB스키마, 프로세스 로직까지 포함되게 된다. IT 서비스 개발에 있어 핵심적인 주인공이라고 할 수 있다.

우선 첫 장에는 서비스명과 작성자명, 연락 방법, 작성일, 소속, 버전을 정리하여 혼선을 피하도록 해야 한다.

제목을 입력하십시오

소속	텍스트를 입력하십시오	작성자명(직급)	텍스트를 입력하십시오	이메일	텍스트를 입력하십시오
최초작성일	텍스트를 입력하십시오	최종작성일	텍스트를 입력하십시오	문서버전	텍스트를 입력하십시오

출처 : 웹만사, 연두씨

Storyboard			
프로젝트명		어떤 무언가	작 성 자	나에요~

Ver.	Date	Change Area	Details of Change
1.0	2013.07.04		
1.1	2013.08.18		
1.2	2013.08.20		
1.3	2013.08.28		
1.4	2013.09.04		
1.5	2013.09.11		
1.6	2013.09.12		

출처 : 웹만사, 델리군

그다음 장에는 업데이트됨에 따라 업데이트 일자와 버전, 변경된 페이지를 메모하여 프로젝트 관련자가 빠르게 파악할 수 있도록 하면 좋을 것이다.

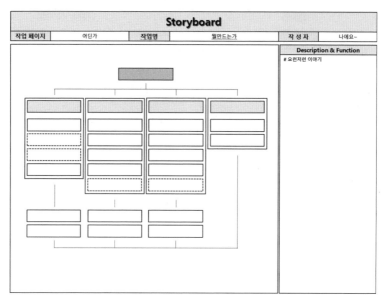

출처 : 웹만사, 델리군

또 그다음 장에는 사이트맵을 표현해준다면 좀 더 구성원이 이해하는 데 도움을 줄 수 있을 것이다.

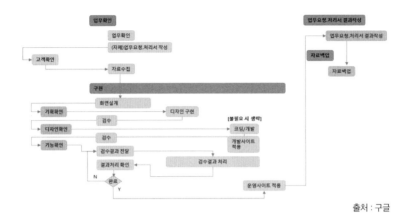

출처 : 구글

위와 같이 서비스에 대한 프로세스나 이해가 필요한 화면을 정의하여 보여주는 것도 좋은 방법이다.

그 후 화면 설계 페이지에서는 보여주고자 하는 페이지의 화면정의를 작성해주고 화면 ID를 기록한다. 가장 넓은 면에는 화면설계를 표현하고 넘버링을 한 후 우측 설명코너에 넘버링에 맞게 설명을 써주면 된다. 가장 하단에는 페이지 번호가 나오게 하면 좋다.

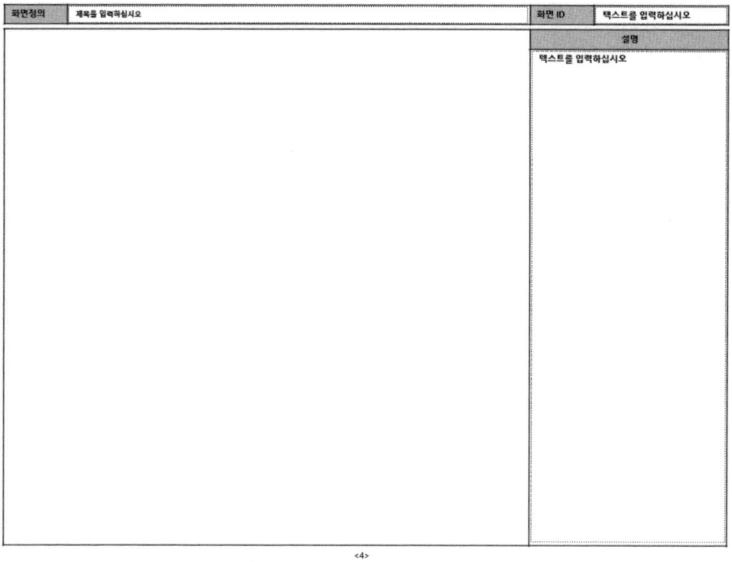

화면정의	제목을 입력하십시오		화면 ID	텍스트를 입력하십시오
			설명	
			텍스트를 입력하십시오	

<4>

출처 : 웹만사 연두씨

유저들이 보는 프론트 페이지에 대한 기획을 하면 개발팀이나 개발사에서 어느 정도 알아서 Admin을 개발해주는데, 따로 Admin용 스토리보드를 제공하지는 않는다.

이렇게 해도 크게 무리는 없으나 경우에 따라 Admin이 중요하거나 강력하게 개발해야 하는 경우도 많이 있으므로 그 경우에는 Admin용 스토리보드를 작성하게 된다.

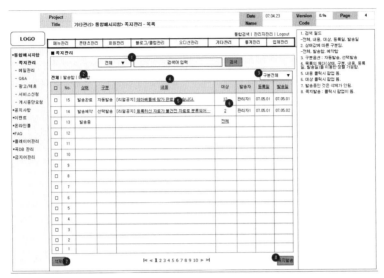

출처 : fineapples 티스토리

물론 개발팀 담당자 혹은 개발사에서 사용하는 CMS가 있다면 Admin은 스토리보드처럼 동일하게 안 될 수도 있지만, 기능을 정의하고 원하는 바를 표현하려면 어느 정도 정리해주는 것도 좋은 방법이다.

구현 시작

본격적인 구현을 하는 과정

구현을 진행하고 테스트와 교육, 이행 및 안정화를 진행한다. AI는 특히 테스트가 중요한데 의미 있는 결과가 나올 때까지 파인튜닝을 하기도 한다. 실제 내부/외부 테스트를 진행하며 학습데이터나 학습 모델을 수정하기도 한다. 이러한 테스트를 하는 단계를 정의하고 문서화하여 정리하는 과정을 거친다.

단계	정의 및 목적	특이사항
테스트 준비	테스트 수행에 앞서, 테스트에 대한 환경 조성, 테스트 계획 수립, 테스트 시나리오 및 케이스 작성, 테스트 데이터 준비 등 테스트 수행을 위한 만반의 준비가 완료되어야 한다.	
단위 테스트	각 단위 프로그램의 코딩 종료 시에 해당 프로그램의 기능 완성도를 측정하는 테스트로 개발과 병행하여 실시된다. 단위테스트는 본 테스트 계획서에 의해서 이루어지며, 이후 단계인 통합테스트의 안정성을 갖게 하기 위해서는 수행사 개발자 검증과 개발 PL의 검증을 통해 품질이 보증되도록 한다. 필요 시 IT TFT의 지원을 받을 수 있다.	수행사 및 고객사 (IT/현업) 상호 협력하여 진행
통합 테스트	화면설계 기준의 UI 기능과 인터페이스가 정상적으로 동작하고 있는지를 검증하여 정상적으로 유지되고 있는지에 대한 테스트를 진행하는 것이다.	
성능 테스트	하드웨어의 인터페이스 성능 및 업무처리 성능을 측정하고 해당 기준이 성능지표에 적합한지를 확인한다.	
인수 테스트	인수 테스트란 시스템이 인수기준을 만족하는지 판단하고 고객이 시스템을 받아들일지를 결정할 수 있게 해주는 정규 테스트이다. 고객의 요구사항 목표가 만족되고 모든 항목이 정확히 포함되도록 하는 것이 목적이다.	고객 주관, 수행사 지원

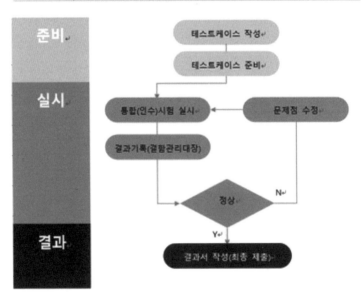

이제 완성된 기획을 가지고 구현하는 단계가 되었다. 완성된 디자인을 디자이너가 잘게 쪼개서 슬라이스를 치는 작업을 하게 된다. 이것을 가지고 퍼블리셔가 퍼블리싱을 하게 되는데 이때 PSD 원본 파일을 디자이너가 전달하면 대부분 퍼블리싱을 알아서 처리한다. 그러나 중요화면이나 민감한 디자인 화면에서는 디자인가이드를 제작하는 게 훨씬 좋다.

디자인가이드에는 혹시 반응형인지, 애플리케이션이라면 어느 정도 사이즈를 기준으로 최적화할 것인지 등에 대한 내용도 들어가고 디자인 사이즈나 폰트 크기 등도 정의하면 좋다.

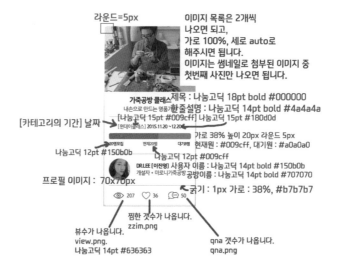

다음 단계는 퍼블리싱이다. 퍼블리싱이란 디자이너에게 넘겨받은 시안을 웹브라우저에서 볼 수 있도록 웹문서화하는 코딩 작업을 말한다. 코딩 작업에는 HTML뿐만 아니라 CSS와 JavaScript의 작업도 포함되어있다. 코딩 작업 시 이후 브라우저에서 동작할 프로그래밍도 고려하면서 작업을 하게 된다.

모든 사용자가 전문적인 능력 없이도 제공되는 정보를 얻을 수 있도록 웹문서의 구조, 표현, 동작을 분리해서 작업해야 한다. 문서가 전달하려는 정보를 구조화해주는 HTML, 정보의 시각적, 미시적 표현을 담당하는 CSS 그리고 사용자와 상호작용하게 되는 동작을 처리하는 Java Script를 알아야 한다. (출처 : http://www.usingu.co.kr/)

웹퍼블리셔는 디자인 감각은 물론이고 동작 처리를 위한 부분까지 고려하므로 휴대폰의 다양한 동작도 이해해야 하며, 기획자의 의도까지 이해해야만 좋은 결과물을 만들어준다.

디자인이 원하는 대로 되었다고 해도 웹퍼블리싱이 잘못 나오면 개발자는 그대로 구현하게 되므로 여기서 문제가 생기게 된다. 대부분 스타트업이 간과하는 부분이 바로 여기 있다. 초기 소수의 개발자를 구성원으로 두고 개발하기도 하는데 이때 퍼블리싱 능력이 부족한 개발자가 눈대중으로 개발해서 화면과 전혀 다른 결과물이 나오게 되는 경우가 빈번한 것이다. 분명 디자인은 마음에 들었는데, 막상 나온 결과물은 뭔가 다르고 아쉬움이 남는다면 퍼블리싱의 차이일 것이다.

일부 개발사에서는 전문 웹퍼블리셔 없이 개발자가 이 부분까지 담당하기도 하는데, 그 경우 퀄리티의 문제가 발생할 가능성이 크다. 이 부분은 미리 알고 챙기면 좋은데 문제는 퍼블리셔가 한 것인지를 알 방법이 없다는 거다. 그럴 경우에는 퍼블리싱에 대한 산출물을 요구하거나 실제 볼 수 있도록 퍼블리싱 완성 후 웹에 띄우도록 하면 된다.

인공지능 액션이 잘 이해될 수 있도록 기획이 완료된 스토리보드, 화면설계서를 활용할 수 있지만, 만약 복잡하고 민감한 내용이 많다면 개발가이드까지 만드는 것이 좋다. 특히 실제 디자인된 디자인 파일에 개발가이드를 정리하여 제공한다면 개발사는 속도뿐 아니라 오류도 줄일 수 있게 된다.

디자인 파일에 개발자가 '어느 부분을 중요하게 봐주었으면 좋겠고 어떤 부분이 복잡한데 이렇다'라는 식의 글로 요약해서 파워포인트로 제작하면 무난하다. 서술형보다는 정확한 위치에 요약해서 남기는 게 좋고, 내용이 많다면 다음 페이지에 상세히 작성하여 볼 수 있도록 하면 좋다.

정해진 형식이 있는 것은 아니기에 자신이 다루기 편한 문서로 작성하면 된다. 워드나 파워포인트, 포토샵도 상관없다. 이미지 파일에 다음과 같이 제작해준다면 좋다.

개발사에서도 이 작업을 진행하게 되는데 클라이언트가 직접 핵심적인 부분을 정리해준다면 개발과정에서 생기는 오류를 줄일 수 있어 추천하는 방법이다.

테스트/안정화

초기 버전 테스트를 통해 서비스를 점검하자

드디어 모든 서비스가 완성되었다면 모니터링보고서를 주고받으면서 버그나 에러를 수정하게 된다.

■OOO 사이트 오픈 후 모니터링(1일차)

2xxx:xx.xx v1.0

NO	오류경로	관련 URL	수정구분	오류 image 캡쳐	수정사항	처리현황
1	1dpeth>2depth>3depth		콘텐츠	가급적 이미지를 캡쳐 받는 것을 권고	수정사항을 기입	접수
2	1dpeth>2depth>4depth					처리중
3	1dpeth>2depth>5depth					완료
4	1dpeth>2depth>6depth					
5	1dpeth>2depth>7depth					
6	1dpeth>2depth>8depth					
7	1dpeth>2depth>9depth					
8	1dpeth>2depth>10depth					
9	1dpeth>2depth>11depth					
10	1dpeth>2depth>12depth					
11	1dpeth>2depth>13depth					
12	1dpeth>2depth>14depth					
13	1dpeth>2depth>15depth					

출처 : macbethi

날짜	WEB APP	메뉴 1depth	메뉴 2depth	내용	디바이스	테스트 담당자	수정완료	확인	개발자
2016. 9. 17	앱	환전정보	이동출기	이동출기 현상과적인 <37>에서 <37>글로 3번이가 다시 플이이거 버튼을 안드로이드 콘텐츠으로 누르면 깊이 현 최종으로 그 전체 분인 자리로 플이으로 바꾸내요 <37>이가 보이는 화면	아이폰 6+	자이언티	O	O	마야 주케캐그
2016. 9. 17	WEB	도로이(drawer)	GN5		갤럭시 6	케리	O	X	탈케이츠 (추후 개선예정)
2016. 9. 17	WEB	공통		아이폰에서 좌측 술리과/달역에서 스와링이 안됨	아이폰 S	자이언티	O	O	마야 주케캐그
2016. 9. 17	WEB	공통			아이폰 S+	도게	O	O	마야 주케캐그
2016. 9. 17	앱	무티			광노트 4	매드 물산문	O		스타브캉스
2016. 9. 17	앱	공통		화면에서 상차를 롤러링 시 부드럽게 스크링 되지 않음	LG G6	게로	O	O	스타브캉스

출처 : 구글

오류 경로를 표현하고 관련 URL을 남긴다면 보다 편리하게 처리가 가능할 것이다. 화면을 캡쳐해 수정사항을 남길 수도 있다. 작성 후에는 처리현황을 체크해보면 된다.

서로 전화나 메일을 통해 보통 버그를 설명하는데 매번 만날 수도 없고 전화로도 한계가 있으므로 문서화하여 서로 주고받는 것이 시간도 단축할 수 있는 좋은 방법이다. 또한 남은 버그에 대한 처리 기간도 한눈에 살펴보며 서비스 오픈 일시를 조정하거나 계획을 세울 수 있다.

이후에는 검수시나리오를 받게 되는데 일반적인 규모에서는 진행하지 않아도 무방하다. 검수시나리오는 개발사의 기획자가 제공하게 되고 시나리오에 의한 검수시나리오와 무작위 검수시나리오로 크게 나뉜다.

검수프로세스는 다음 이미지와 같다.

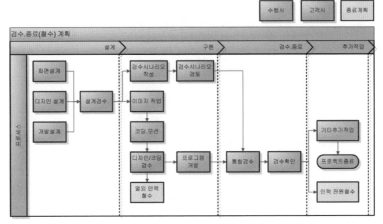

출처 : macbethi

모두 완성된 후에만 검수를 하는 것이 아니라 설계 단계에서 설계 검수, 구현 단계에서 디자인/코딩 검수나 검수시나리오 검토가 있고 검수 단계에서는 통합 검수를 할 수도 있다. 그러나 꼭 모두 검수할 필요는 없고 설계와 디자인만 검수하고 최종으로 통합 검수만 하여도 충분하다.

검수계획서를 만들기도 하지만 이 역시 스타트업은 생략해도 무방하다. 검수계획서에는 검수 범위, 검수 환경, 검수 프로세스, 담당자, 일정을 정리하게 된다.

시나리오에 의한 검수시나리오는 검수 항목과 검수 방법을 사전에 계획하여 시나리오 형태로 만든 것이다. (출처 : macbethi)

검수대상	header, footer 일반경로	검수지	검수일	검수사이트

검수방법 검수결과가 예상결과와 동일하면 숫자1을, 기능은 정상이나 오타같은 오류는 숫자 2를, 기능이 정상적으로 작동하지 않으면 숫자 3을 입력한다.

구분	검수항목	예상결과	검수결과
Header	사이트 상단에 위치한 Header 메뉴를 확인한다.	좌측에는 시작페이지, 즐겨찾기가 우측에는 로고, 로그인, 회원가입, Family site 메뉴가 보인다.	✓
시작페이지	시작페이지를 클릭한다.	시작페이지 등록을 묻는 확인 창이 나타난다.	✓
	시작페이지를 등록을 하겠다고 예를 선택하고, 새로운 브라우저를 연다.	000 사이트가 보여진다.	✓
즐겨찾기	즐겨찾기를 클릭한다.	즐겨찾기 등록을 묻는 확인 창이 나타난다.	✓
	예를 선택하고, 브라우저 상단메뉴에서 즐겨찾기를 클릭한다.	즐겨찾기 리스트에 000 사이트가 보인다.	✓
로고	우측상단의 로고를 클릭한다.	000사이트가 새 창으로 보여진다.	✓
로그인	로그인를 클릭한다.	로그인 화면으로 이동한다.	✓
회원가입	회원가입을 클릭한다.	회원가입 화면으로 이동한다.	◎
Family site	Family site를 클릭한다.	11개의 패밀리사이트 리스트가 보여진다.	◎
		패밀리사이트 리스트에 '000000' 없음 ▶ 27일 완료됨	
	Family site 중 한 곳을 클릭한다.	해당 사이트가 새 창으로 보여진다.	✓
Footer	사이트 맨 하단에 위치한 footer 메뉴를 확인한다.	회사소개, 찾아오는길,고객센터,이용약관,개인정보취급방침이 보인다	◎
		000소개, 뉴스레터신청 추가 ▶ 28일 완료	
	회사소개를 클릭한다.	해당화면이 새 창으로 나온다.	✓
	제휴안내를 클릭한다.	해당화면이 새 창으로 나온다.	✓
	00를 클릭한다.	해당화면이 새 창으로 나온다.	✓
	찾아오는길을 클릭한다.	해당화면이 새 창으로 나온다.	✓
	고객센터를 클릭한다.	해당화면이 새 창으로 나온다.	✓
	이용약관을 클릭한다.	해당화면이 새 창으로 나온다.	✓
	개인정보취급방침을 클릭한다.	해당화면이 새 창으로 나온다.	✓
	000소개를 클릭한다.	해당화면이 새 창으로 나온다.	✓
		해당화면이 없음 ▶ 27일 완료	
	뉴스레터신청을 클릭한다.	뉴스레터 신청화면으로 이동하며, 뉴스레터 신청 프로세스를 진행한다.	✗
		뉴스레터신청 기능 및 화면이 없음 ==> 27일 완료	
			✓
전체보기	메인 상단 좌측에 있는 전체보기를 클릭한다.	해당 화면으로 이동된다.	✓
	전체보기 화면의 모든 메뉴를 클릭한다.	000 view 메뉴가 최신으로 되어있지 않음	✓
로그아웃	로그인 후 로그아웃을 클릭한다.	로그아웃 버튼이 로그인으로 변경되면서, 메인화면으로 이동됨	✗
		로그아웃하면 000사이트로 이동된다.	

출처 : macbethi

단위별 테스트는 개발이 완료되기 전에 단위별로 쪼개서 개발사가 내부적으로 테스트하는 문서로 주로 사용된다. 통합테스트보고서는 테스트의 결과를 통합하여 정리하는 문서로 개발사가 제공하면 함께 최종 체크하면 된다.

그 후 개발사로부터 검수확인서를 받고 프로젝트 잔금에 대한 대금을 지불하는 것까지가 정석이나 대부분 소규모 프로젝트의 경우에는 따로 작성하지는 않고 있다.

프로젝트명、	、			Version、	1.0、	、
단계、	통합테스트、	문서명、	통합테스트 보고서、	작성자、	、	、
문서번호、	TST200-TWEP-0003、	문서 ID、	TST200、	작성일、	2016-06-20、	

ver、	변경일、	사유、	변경내용、	검토자、	승인、	
1.0、	2016-06-20、	최초작성、	WEB 사이트 통합 테스트 보고서、	、	(인 또는 사인)、	
、	、	、	、	、	(인 또는 사인)、	
、	、	、	、	、	(인 또는 사인)、	
、	、	、	、	、	(인 또는 사인)、	
、	、	、	、	、	(인 또는 사인)、	
、	、	、	、	、	(인 또는 사인)、	
、	、	、	、	、	(인 또는 사인)、	
、	、	、	、	、	(인 또는 사인)、	
、	、	、	、	、	(인 또는 사인)、	
、	、	、	、	、	(인 또는 사인)、	
、	、	、	、	、	(인 또는 사인)、	
、	、	、	、	、	(인 또는 사인)、	
、	、	、	、	、	(인 또는 사인)、	
、	、	、	、	、	(인 또는 사인)、	
、	、	、	、	、	(인 또는 사인)、	
、	、	、	、	、	(인 또는 사인)、	
、	、	、	、	、	(인 또는 사인)、	
、	、	、	、	、	(인 또는 사인)、	
、	、	、	、	、	(인 또는 사인)、	

출처 : macbethi

프로젝트 명				Version	1.0
단계	통합테스트	문서명	통합테스트 보고서	작성자	
문서번호	TST200-TWEP-0003	문서 ID	TST200	작성일	2016-06-20

Name	Skin Language	Date	
	Korea	2016-06-20	
OS	Browser Ver.		
Windows 7	Internet Explorer 10		

No	Category	점검사항	동작유무
1	로그인화면	로그인기능은 잘 작동하는가?	YES
2	로그인화면	회원가입 기능은 잘 작동하는가?	YES
3	회원가입	제조업체, 유통업체, 쇼핑몰 가입이 되는가?	YES
4	회원가입	회원가입 이후에 관리자가 승인할 수 있는가?	YES
5	회원가입	관리자의 승인 이후 이용이 가능한가?	YES
6	Main 화면	공지사항은 잘 노출되고 있는가?	YES
7	Main 화면	고객의 요청사항들은 잘 노출되고 있는가?	YES
8	Main 화면	상품별,국가별 통계가 잘 나오고 있는가?	YES
9	Main 화면	유통량이 잘 나오고 있는가?	YES
10	Main 화면	구매고객의 지역 통계는 잘 나오고 있는가?	YES
11	Main 화면	매뉴얼 다운로드가 가능한가?	YES
12	정품인증 API	정품인증 API 에 대한 설명은 있는가?	YES
13	정품인증 API	사용자 등록을 할 수 있는가?	YES
14	정품인증 API	인증키 변경은 가능한가?	YES
15	정품인증 API	튜토리얼의 설명은 충분한가?	YES
16	정품인증 API	관리자가 정품인증 API 를 이용해 모듈설치한 업체를 확인 할 수 있는가?	YES
17	게시판	관리자만 공지사항 작성을 할 수 있는가?	YES
18	게시판	1:1 문의 게시판에서 관리자와 작성자만 글을 볼 수 있는가?	YES
19	게시판	댓글을 달 수 있는가?	YES
20	가입정보	가입정보는 관리자만 수정할 수 있는가?	YES
21	상품관리	관리자가 전체상품목록을 볼 수 있는가?	YES
22	상품관리	상품목록 필터링은 잘 작동하는가?	YES

출처 : macbethi

검수확인서	산출단계,	검수.종료.,	프로젝트.,	.,	
	문서ID.,	700_6.,	프로젝트ID.,	.,	
	문서버전.,	v1.0.,	고객.,	.,	
작성자.,		작성일.,	2000.00.00.,	확인.,	.,

1. 프로젝트 개요.

프로젝트 명.	000 프로젝트.
프로젝트 기간.	2000.00.00 ~ 2000.00.00.
프로젝트 범위.	

2. 프로젝트 산출물.

산출 단계.	산출물 명.
착수.	
분석/설계.	
구현.	
검수/종료.	

3. 검수 확인.

구분.	회사.	검수담당자.	확인일.	서명.
발주.	.,	1명일 경우.,	2000.00.00.,	.,
발주.	.,	2명일 경우.,	2000.00.00.,	.,
수행.	(주)000.,	.,	2000.00.00.,	.,

4. 별첨 (별첨 사항이 없으면 삭제 가능).
• 산출물 저장매체.

출처 : macbethi

이렇게 완성된 프로젝트를 바로 시장에 공개하기 전에 베타테스트를 진행하면 좋다. 공개 베타테스트도 좋지만 초기에는 매우 불안정한 상태이므로 스타트업들에게는 1차로 클로징 베타테스트를 더 권한다.

타깃 고객 중 몇몇 인원을 분류하여 소수의 인물이 테스트해볼 수 있도록 계정 정보나 권한을 부여해준다. 의외로 이 과정에서 좋은 피드백을 많이 듣게 될 뿐 아니라 발생되는 버그도 발견하게 된다. 이 부분을 어느 정도 패치하되 지나치게 개발된 부분을 변경하지는 않는 게 좋은데 이유는 2차로 하게 되는 공개 베타테스트 때문이다.

2차로 공개 베타테스트를 통해 좀 더 고객의 소리를 집중하면서 상황을 살펴본다. 그리고 회의를 통해 추가적인 개발을 의뢰하거나 수정, 변경 등의 작업을 의뢰하면 된다.

ChatGPT 실전

ChatGPT란 무엇일까

세상을 바꾸고 있는 프롬프트 신드롬

불과 얼마 전까지만 해도 우리는 검색창에 익숙해 있었다. 세상의 궁금한 모든 것은 다 검색창으로 통했다. 하지만 이제는 검색 vs. Chat의 경쟁으로 패러다임이 변화하고 있다.

ChatGPT는 OpenAI가 만든 대화형 인공지능이다. Generative

Pre-trained Transformer(GPT)와 Chat의 합성어로 미리 학습된 데이터 안에서 답을 준다. LLM이라는 초대형 언어모델을 가지고 학습하여 만든 서비스로 GPT-3.5와 최근 GPT-4를 통해 학습한 서비스이다.

'프롬프트(Prompt)'를 입력하면 '응답(Response)'이 생성되고 원하는 질문이나 요청을 하면 거의 모든 답변을 받아볼 수 있다.

공개 단 5일 만에 하루 이용자가 100만 명을 돌파하는 돌풍을 일으켰다. 그 밖에도 그림을 그리는 인공지능 '달리2(DALL-E2)'와 외국어 음성인식 인공지능 '위스퍼(Whisper)'를 서비스로 제공하고 있다. 이런 놀라운 인공지능 서비스로 인해 마이크로소프트에서도 약 13조의 투자를 하였다.

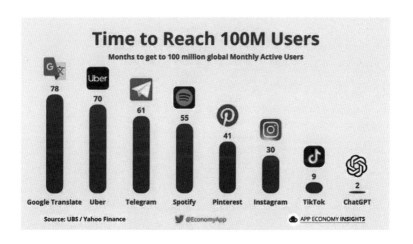

ChatGPT는 월 사용자 1억 명을 돌파하면서 유료 서비스를 실시하기도 하였다.

국내에서도 네이버, KT와 같은 여러 대기업이 자신만의 LLM을 만들고 준비하며 다른 무기를 가지고 서비스를 하기도 하였다.

ChatGPT는 생성형 인공지능으로 주어진 데이터를 가지고 새로운 내용을 생성하는 것을 말하는데 자연어 외에도 이미지 생성(Dall.E, Stable Diffusion, DeepDream Generator) 같은 서비스나 음원 생성(AIVA, Soundraw), 그 밖에도 응용화된 다양한 서비스들을 출시하고 있다.

텍스트, 이미지, 오디오, 3D, 비디오, 데이터, 텍스트, 챗봇 외에도 이러한 기술에 기본 베이스가 되는 파운데이션 모델 기업들도 크게 주목받고 있다.

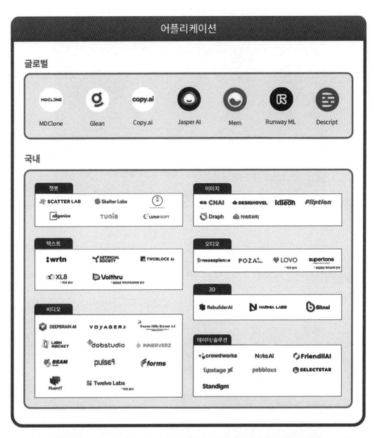

그 밖에도 다양한 생성형 인공지능이 등장하고 있는데 이것은 Midjourney가 그려준 작품으로 2022년 콜로라도 주립 박람회의 디지털 아트 부문에 1위를 수상한 인공지능의 작품이다.

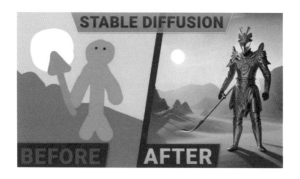

그와 유사한 Stable Diffusion은 오픈소스로 텍스트를 통해 이미지를 생성하는 인공지능 모델이다.

OpenAI에서 2023년 3월 14일 GPT-4를 발표했다. 인식 및 추론 능력의 향상, 이미지를 입력으로 인식하는 멀티모달(이미지, 음성 등도 인식)과 대화 메모리 향상 등의 기능을 탑재하였다.

<표 1> GPT-4 추론 답변 비교 예시

구분	ChatGPT 답변	GPT-4 답변
답변	다음은 이용 가능 시간 목록입니다: - 앤드류: 오전11시부터 오후3시까지 - 조앤: 정오~오후2시, 오후3시30분~오후5시 - 한나: 정오~오후12시30분, 오후4시~오후6시 이용 가능 여부에 따라 세 사람 모두 이용 가능한 시간은 오후4시부터 오후4시30분까지 30분간입니다. 따라서 오후4시에 미팅을 예약할 수 있습니다.	앤드류: 오전11시~오후3시 조앤: 오후12시~오후2시, 오후3시30분~오후5시 한나: 오후12시~오후12시30분, 오후4시~오후6시 30분 회의가 가능한 시간: 오후12시~오후12시30분
비고	오답, 앤드류는 4시가 가능하지 않음	답변이 정확해짐

출처 : SPRi

이미지인식은 객체 속의 다양한 상황, 관계 파악 등의 추론을 통해 조합 후 답을 제공하는 방식이다.

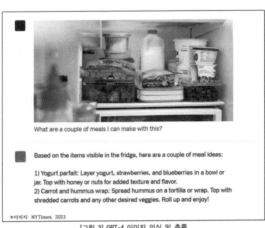

●이미지: NYTimes. 2023

[그림 3] GPT-4 이미지 인식 및 추론

출처 : SPRi

인식의 AI vs. 생성의 AI

그동안 전 세계 모든 인공지능은 인식의 AI였다. 음성을 인식하고 사람이나 사물을 인식하고 글을 잘 인식하고 정확도가 몇 %인지 인식률이 몇 %인지를 중요하게 생각했다.

하지만 이제는 인식을 넘어 생성의 AI 시대로 접어들었다. 무엇을 생성하고, 인간의 무엇을 도와줄 수 있는가가 중요하다. 그에 따라 다양한 인공지능 기술들이 서로 융합이 되기 시작했다. 텍스트 기반 생성 기술을 통해 글을 쓰고 그 글을 메타휴먼이 읽는다. 음성 기술은 소리를 내며 완전한 하나의 새로운 가상 인간을 만들어내기도 한다.

기업이나 연구가 활발해지며 새로운 생성형 인공지능의 시작을

ChatGPT가 시작한 것은 틀림없다.

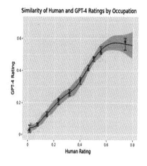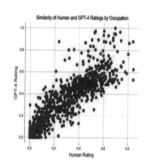

출처 : Northwestern University, MIT

그림과 같이 이미 GPT가 생성한 결과물과 사람의 결과물을 비교해보면 이제는 거의 비슷한 수준에 도달한 것이다.

이어령 교수의 '과거는 검색하고, 현재는 사색하고, 미래는 탐색하라'는 말처럼 과거의 데이터는 검색을 통해 알 수 있으나, 현재는 많은 사색을 통해 알아가야 하고, 미래는 탐색을 통해 알아갈 수 있다. 어쩌면 생성형AI는 '대화'를 통해 인간에게 더 많은 탐색과 질 높은 미래를 만들 기회를 주고 있는지 모른다.

ChatGPT 결합 기술

ChatGPT가 유명해지면서 몇 가지 문제점도 발견되어 언론에 나오고 있다. 가장 먼저, 보안 문제이다.

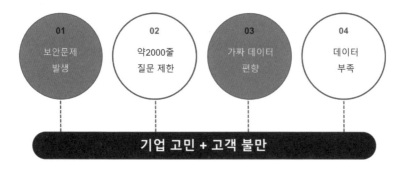

이를 해결하기 위하여 ChatGPT 쪽으로 민감 정보는 질문을 보내지 않는다. 개인정보는 자동으로 자체 엔진이 마스킹 처리하여 답을

받은 후 이를 재조합하여 답변한다.

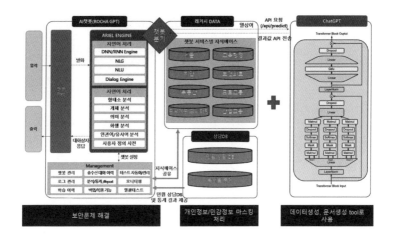

또한 기업의 문서 데이터를 RochaGPT(자체 엔진)가 학습하고 ChatGPT가 필요한 상황(문서 생성, 유사질의 데이터 생성) 등으로 전체적인 서비스인식률을 높이는 데 활용한다. 답변을 요약하거나 분석하여 정리해주는 다양한 기능을 사용하기도 한다.

RochaGPT는 기계독해, 문서독해 기술을 통해서 기업의 문서를 학습하고 추론한 뒤 답을 준다. 언어도 한국어 외에 영어, 일어, 중국어가 가능하다.

RochaGPT는 온프라미스 형태로 기업서버에 설치하는 형태이므로 모든 데이터는 외부로 나가지 않으며 ChatGPT API를 활용하여

Tool로써만 사용한다.

가짜 데이터 편향 문제도 해결이 가능하다. 근본적으로 모든 답은
자체엔진에 학습된 데이터, 문서에서만 이뤄지기 때문이다.

생성형 인공지능

생성형 인공지능 트렌드 빠르게 파악해보자

1) 생성형 인공지능 종류 소개

생성형 인공지능은 주어진 데이터나 지식 등을 활용하여 새로운 내용을 생성하는 인공지능 기술로 다양한 결과물을 재창조하거나 만든다.

이름	내용	사이트
Beautiful	텍스트를 PPT로	https://www.beautiful.ai
BAI Chat	BAI 제작 ChatGPT	https://chat.theb.ai
Brandmark	텍스트를 로고로	https://brandmark.io
Musia	음악 만들기	https://musiaplugin.com
Chat.D-ID	캐릭터 AI와 채팅	https://chat.d-id.com
DALL-E2	텍스트를 이미지로	https://openai.com/product/dall-e-2
Filechat	다양한 파일 내용 요약	https://www.filechat.io

이름	내용	사이트
Journeymade	여행 일정 추천	http://www.journeymade.io
Getgpt	다양한 ChatGPT 애플리케이션	https://getgpt.app
AskUP	카톡 챗봇 내 GPT	http://pf.kakao.com/_BhxkWxj
Mixo	간단한 사이트 제작	https://app.mixo.io
Pictory	텍스트를 비디오로	https://pictory.ai
SOUNDRAW	음악 생성 AI	https://soundraw.io
Native	한글 챗GPT	https://www.native.me
Naturalreader	텍스트를 보이스로	https://www.naturalreaders.com
Roomgpt	룸인테리어	https://www.roomgpt.io/dream
프롬프트 지니	ChatGPT 자동번역	크롬 검색 : 프롬프트 지니
Scribblediffusion	그림을 이미지로	https://scribblediffusion.com
ShareGPT	대화를 url로	크롬 확장> sharegpt
Pokeit	텍스트를 이미지로	https://sporky.ai
Tome	텍스트를 스토리로	https://beta.tome.app
Toonme	이미지를 웹툰으로	https://toonme.com
Whimsical	AI 비주얼 협업툴	https://whimsical.com
YouTubeChatGPT	Youtube 영상 요약	크롬 검색 : YouTubeChatGPT

2) 그 밖의 해외 서비스 모음

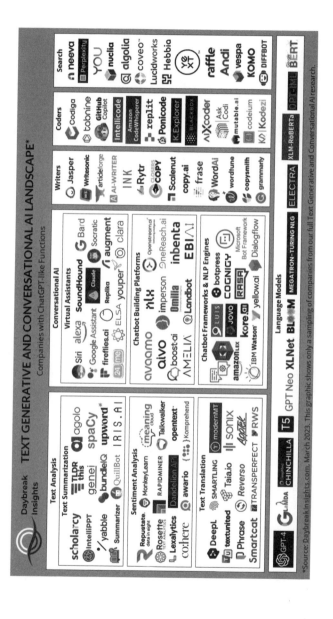

3) 빅테크 기업 현황

Google Bard

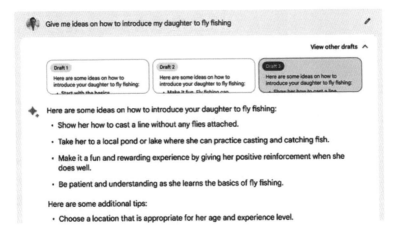

Bing Chat과 유사한 '실험적' 대화형 AI Bard를 Early Access로 공식 출시하였으며 Draft 시안 생성 기능 외에는 Bing Chat의 초기 버전과 유사하다.

대규모 언어 모델의 LaMDA 제품군을 기반으로 Google에서 개발한 대화형 인공지능 챗봇이다. OpenAI의 ChatGPT 대두에 대한 직접적인 대응으로 개발하였다.

Adobe Firefly

Adobe는 AI 이미지 생성기와 유사하게 자연어 프롬프트 입력과 파라미터값 조정을 통해 이미지를 생성할 수 있는 'Text-to-Image' 그리고 텍스트 프롬프트로 타이포그래피 디자인을 자동으로 완성해 주는 기능 'Text Effects'를 지원하는 서비스 'Firefly'를 발표하였다.

오직 Adobe Stock이나 다른 퍼블릭 도메인에 업로드된 작품들로만 학습했다는 점을 차별점으로 내세워서 저작권 문제를 해결하였다.

NVIDIA Picasso

  Adobe와 AI 공동 개발을 진행한 Getty Images는 NVIDIA Picasso 학습 데이터를 위한 데이터를 제공하고, Shutterstock은 3D 애셋(Asset)을 생성하기 위한 모델 개발 관련 학습 데이터를 제공한다.

Baidu Ernie

Baidu의 ChatGPT 대항마 AI 챗봇 '어니봇(Ernie Bot)'는 초기 버전, 사내용으로 제한된다.

실전 활용하기

ChatGPT를 더욱 스마트하게 활용하는 방법

1) 업무에 활용하기

ChatGPT는 보고서 작성이나 새로운 아이디어를 만들고, 요약이나 번역하는 형태의 자연어와 관련된 답변 처리를 잘하므로 이를 업무에 활용하기 좋다.

하지만 아직 2년 전 데이터(2021년 10월)까지만 학습되어있으므로 잘못된 정보나 그럴듯한 말투의 틀린 정보를 만들어내기도 한다. 따라서 정해진 문장의 범위 내에서 요약하는 방식 또는 새로운 아이디어 자체를 물어보고 생각 못 한 답변을 받을 경우 업무에 활용하면 좋다.

프롬프트 명령어 공간정보에 활용되는 VPS기술에 대해 설명해주세요, 활용응용분야는?, 기술의 장단점은?

결과

VPS(Virtual Positioning System) 기술은 GPS(Global Positioning System)와 같은 위성항법 기술을 기반으로 하며, 실내 및 실외에서 위치정보를 제공하는 기술입니다.

VPS는 GPS와 달리, 인공위성 신호만으로 위치정보를 파악하는 것이 아니라, 카메라 등의 비전센서와 IMU(Inertial Measurement Unit)를 함께 활용하여 보다 정확한 위치정보를 제공합니다. 이를 통해 사용자는 실내에서도 GPS 수신이 어려운 환경에서도 정확한 위치를 파악할 수 있게 되며, 실내 네비게이션, 실내 위치기반 서비스 등 다양한 분야에서 활용될 수 있습니다.

VPS는 현재 스마트폰, 태블릿, 드론 등 다양한 디바이스에서 사용되고 있으며, 애플의 ARKit, 구글의 ARCore 등 다양한 AR(Augmented Reality) 플랫폼에서도 활용됩니다. 또한,

출처 : 서울디지털재단

그러므로 보고서 자료 조사, 사업기획 아이디어, 보도자료나 글쓰기, 간단한 프로그래밍, 엑셀 업무 같은 부분에도 사용할 수 있다.

[절차3] 보도자료 제목 만들기

프롬프트 명령어 보도자료가 이목을 끌 수 있게 기사제목후보 3개를 제시해주세요.

결과

1. "디지털 서비스의 사용성을 한층 높이는 방법, 서울디지털재단의 '디지털 사용성 평가 및 개선 지원사업'"
2. "디지털 시대의 사회적 약자들도 함께, 서울디지털재단이 추진하는 '디지털 사용성 평가 및 개선 지원사업'"
3. "디지털 산업을 선도하는 기업이 되기 위한 기회, 서울디지털재단의 '디지털 사용성 평가 및 개선 지원사업' 참여"

출처 : 서울디지털재단

예시1 어르신들을 위한 복지정책과 서비스 신규발굴에 대한 아이디어 구상시
[절차1] 정책 아이디어에 대한 수요 및 근거 등을 함께 제시 요청

프롬프트 명령어 어르신들을 위한 새로운 복지정책과 서비스를 시행하려고 합니다.
수요와 근거를 들어서 아이디어를 제시해주세요.

결과
어르신들을 위한 새로운 복지정책과 서비스를 시행하기 위해서는 우선 어르신들의 수요와 근거를 파악해야 합니다.

일단 우리 사회는 고령화가 빠르게 진행되고 있습니다. 2021년 기준으로 65세 이상 노인의 비율은 15%를 넘어섰으며, 2060년에는 40% 이상까지 증가할 것으로 예상됩니다. 이에 따라 어르신들의 건강, 경제적 안정, 사회적 참여 등 다양한 문제가 제기되고 있습니다.

그 중에서도 가장 큰 문제는 건강 문제입니다. 고령화로 인해 만성질환, 치매, 우울증 등 다양한 질병에 걸리는 노인들이 많아지고 있습니다. 이에 따라 어르신들의 건강 유지와 치료에 대한 복지정책과 서비스가 필요합니다.

또한, 경제적 안정도 중요한 문제입니다. 많은 어르신들이 저소득층에 속해 있으며, 생활비와 의료비 부담이 크기 때문입니다. 따라서 저소득 어르신들을 위한 복지급여나 일자리 창출 등의 정책이 필요합니다.

마지막으로, 사회적 참여를 위한 서비스도 필요합니다. 많은 어르신들이 가족이나 지인과의 교류를 통해 사회적으로 살아가고 있지만, 이것만으로는 충분하지 않습니다. 따라서 지역사회와의 연계를 통한 다양한 문화, 스포츠, 봉사활동 등의 프로그램이 필요합니다.

이러한 수요와 근거를 바탕으로, 어르신들을 위한 새로운 복지정책과 서비스로는 다음과 같은 아이디어를 제시할 수 있습니다.

1. 건강검진 지원 : 어르신들에게 건강검진을 무료 또는 저렴한 가격으로 제공하는 정책을 시행합니다. 건강검진 결과를 토대로 건강관리 지원 프로그램도 마련해줍니다.
2. 의료비 지원 : 의료비 부담이 큰 어르신들에게 복지급여나 의료비 지원 프로그램을 제공합니다. 특히 만성질환을 가진 어

출처 : 서울디지털재단

○ 중급 : 셀 값에서 조건을 찾아 원하는 값을 도출

예시 1 C열의 주민등록번호에서 가운데 숫자가 1일 경우 '남자', 2일 경우 '여자'를 출력

	A	B	C	D	E	F	G
1	사번	성명	주민등록번호	주소	소속	직위	입사일
2	1	이OO	620203-1000000	서울특별시 은평구	홍보부	대리	1996-09-27
3	2	김OO	560903-2000000	경기도 고양시 일산구	영업부	대리	2002-04-30
4	3	박OO	730325-1000000	서울특별시 은평구	홍보부	차장	1994-03-20

프롬프트 명령어 엑셀에서 C2값의 형식이 'XXXXX-1XXXXXX' 또는 'XXXXX-2XXXXXX'이
다. 'XXXXX-1XXXXX'에서 가운데 - 다음 숫자가 1일 경우 '남자', 2일 경우 '여자'를
출력하는 함수를 만들어 주세요. (1과 2는 MID 함수 C2값의 7번째 자리 숫자인데 8번
째 숫자를 지정하는 오류를 보였지만, 조금만 보완하면 사용가능한 함수 값이다.)

결과 아래와 같은 함수를 사용하여 C2 셀의 값을 분석하고, '남자' 또는 '여자'를 출력할 수 있습
니다.

```less
=IF(MID(C2, 8, 1)="1","남자",IF(MID(C2, 8, 1)="2","여자",""))
```

2) 창작 활동에 활용하기

블로그 쓰기, 노래 가사 또는 시, 소설 쓰기 등으로 활용도 가능하
며 유튜브나 기타 방송 같은 스크립트나 대본도 창작도 할 수 있다.
하지만 창작물의 저작권과 활용과 같은 여러 윤리적 문제도 나오고
있으므로 법적인 부분을 고려하여 안전한 사용을 권한다.

3) ChatGPT 하이퍼파라미터

머신러닝에서 하이퍼파라미터는 최적의 훈련 모델을 구현하기 위해 모델에 설정하는 변수를 말한다. 사용법은 프롬프트와 함께 명령어에 해당하는 하이퍼파라미터를 추가하면 된다. 다음 그림을 참고하자.

[예시] 문장의 톤과 문체를 조정하는 하이퍼파라미터

▶ **ton** : 형용사

• Authoritative(권위적인), Clinical(냉담한), Cold(차가운), Confident(자신감에찬), Cynical(냉소적인), Emotional(감정적인), Empathetic(공감하는), Formal(격식있는), Friendly(친근한), Humorous(유머있는), Informal(비격식적인), Ironic(역설적인), Optimistic(낙관적인), Pessimistic(비관적인), Sarcastic(빈정대는), Serious(심각한), Sympathetic(동조적인), Tentative(머뭇되는), Warm(따뜻한)

> 지방자체 제도에 대해서 설명해줘 `tone : humorus` 하이퍼파라미터
> Please write in Korean language.

결과
지방자치제도는 지방의 자치를 위해 만들어진 시스템이야. 즉, 지방에서 스스로 일을 처리하고 결정할 수 있는 시스템이라는 거지!

지방자치제도는 대한민국 헌법에서 규정되어 있어서, 각 지방에는 자치단체라는 것이 있어. 그런데 이 자치단체들이 제멋대로 돌아가면 안 되니까, 법으로 제한을 두고 있어.

그래서 지방자치제도는 지방에서의 자율성을 보장해주면서도, 중앙정부와의 협력과 조율을 통해 국가의 통일성과 발전을 도모하고 있지! 그치만 지방자치제도가 완벽하게 돌아가기 위해서는 지방민들의 적극적인 참여와 협력이 필요하답니다.

그리고 이게 뭐 중요한 거야? 당연히! 우리 지역이 개판이면 우리 인생도 개판이니까, 지방자치제도에 적극 참여해서 지역 발전을 위해 노력해보자구!

예를 들어, 톤(Tone) : humorous의 경우 딱딱한 내용의 글을 최대한 유머러스하게 표현하고 있다.

▶ **writing style** : 형용사

• Academic(학술적인), Analytical(분석적), Argumentative(논쟁적인), Conversational(대화적인), Creative(창의적인), Critical(비판적인), Descriptive(설명적인), Epigrammatic(풍자적인), Epistolary(편지체), Expository(설명적인), Informative(자세한), Instructive(유익한), Journalistic(신문체), Metaphorical(은유적인), Narrative(서술적인), Persuasive(설득적인), Poetic(시적인), Satirical(풍자적인), Technical(기술적인)

출처 : 서울디지털재단

네 안에 존재하는 '파라미터'들에 대해 알려줘. TOP-P, TEMPERTURE 등이 존재한단건 알고 있어. 각자에 대해 설명좀 부탁해

네, 저는 OpenAI에서 개발된 대규모 언어모델인 GPT의 한 종류이며, 여러 가지 학습 및 생성을 위한 하이퍼파라미터(Hyperparameter)들이 있습니다. 아래는 몇 가지 예시입니다.

1. Top-p Sampling: Top-p 샘플링은 샘플링된 토큰 중 누적 확률이 일정 임계값(threshold) 이상인 토큰들만을 선택하는 샘플링 방법입니다. 이러한 방식은 확률적으로 보다 안정적인 결과를 제공하며, 생성된 문장이 더욱 일관성 있게 만들어줍니다.

2. Temperature Scaling: 온도 조정은 출력 분포를 더욱 평활화하여 생성된 문장에 대한 다양성을 높여주는 기법입니다. 이는 softmax 함수의 출력 값을 더욱 평평하게 만들어, 샘플링 시 더 다양한 결과를 얻을 수 있도록 해줍니다.

3. Learning Rate: 학습률은 매개변수 업데이트에 사용되는 상수입니다. 모델이 학습할 때, 매개변수를 조정하여 오차를 최소화하도록 합니다. 학습률은 학습 속도와 안정성을 조절하는 중요한 하이퍼파라미터 중 하나입니다.

4. Hidden Layers: 숨겨진 레이어의 개수는 모델의 복잡성을 결정하는 하이퍼파라미터 중 하나입니다. 더 많은 숨겨진 레이어를 추가하면 모델이 더 복잡한 관계를 학습할 수 있지만, 더 많은 계산 비용이 들어갈 수 있습니다.

5. Batch Size: 배치 크기는 각 학습 반복마다 처리할 데이터 샘플의 수를 결정하는 하이퍼파라미터입니다. 작은 배치 크기는 모델이 각 데이터 샘플에 대해 더 많은 업데이트를 수행할 수 있도록 하지만, 학습 속도가 느려질 수 있습니다.

이러한 하이퍼파라미터는 모델 학습 및 생성의 성능과 품질에 매우 중요한 역할을 합니다. 이외에도 다양한 하이퍼파라미터가 존재하며, 적절하게 조절하여 최상의 성능을 얻을 수 있습니다.

다양한 형태의 파라미터가 존재하며 심지어 ChatGPT에게 물어봐도 알려준다.

4) 크롬 확장 프로그램

https://chrome.google.com/webstore/category/extensions ?hl=ko에서 ChatGPT를 검색하면 된다.

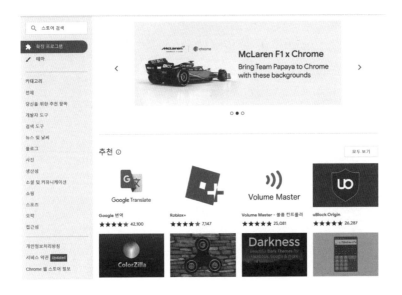

　다양한 확장 프로그램이 존재하는데 이 중에서도 인기가 높은 추천 확장 프로그램을 보여준다. 몇몇 가지 추천 확장 프로그램을 소개해본다.

WebChatGPT

홈 > 확장 프로그램 > WebChatGPT: 인터넷 액세스가 가능한 ChatGPT

이 확장 프로그램을 사용하면 최신 웹사이트의 검색 결과를 포함하여 답을 찾아준다.

프롬프트 지니

ChatGPT 쓸 때 질문을 영어로 번역해주고, 답변도 한글로 번역해주는 번역기이다. 한글로 사용해도 느려지지 않고 2~3배 빠른 답변을 받을 수 있다.

AIPRM for ChatGPT

홈 > 확장 프로그램 > AIPRM for ChatGPT

톤(Tone)과 문체(Writing style) 등 하이퍼파라미터를 넣고 처리할 수 있는 프롬프트 도구이다. Topic과 Activity를 선택한 후, 검색하여 원하는 프롬프트 스타일을 참조하여 ChatGPT에 질문하면 그 형식 그대로 답변을 받을 수 있다.

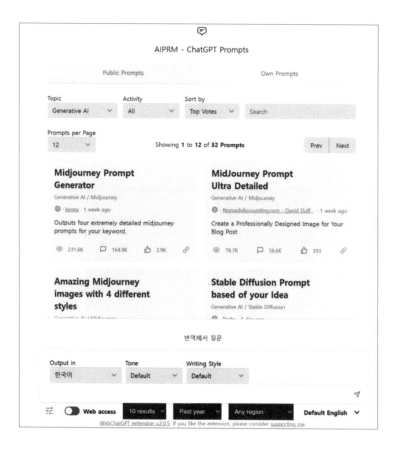

5) ChatGPT 플러그인

주소는 https://openai.com/blog/chatgpt-plugins이다.

2023년 4월 현재는 신청을 통해 사용할 수 있으며, 앞의 링크 주소에서 신청할 수 있다.

플러그인 리스트는 Speak나 Expedia 등 다양한 플러그인이 있고 계속해서 늘어날 예정이다. 또한, 파트너 생태계가 구축되고 개발자 생태계가 확장될 것이다. 따라서 이를 통해 새로운 비즈니스 모델, 수익 모델을 창출하게 될 것이며 생각지 못한 여러 서비스가 세계적으로 인기를 끌게 될 전망이다. 새로운 아이디어가 있다면 APP

STORE가 아니라 ChatGPT 플러그인으로 출시해보면 어떨까?

6) 더 좋은 '프롬프트'

① 대화식이 아닌 콜론을 사용한 조건을 지정하거나 숫자 등을 써서 표현하면 더 정확한 답이 나온다.

② 답변에서 끝나지 말고 이어서 말하는 게 가능하다. 또한 답변에 대한 세부 질문이 가능하다.

③ GPT-3.5에서는 4,000토큰 앞선 대화를 ChatGPGT가 기억하는데, 중요하다는 표현을 쓴다거나 하면 그 글에 대해서는 더 오래 기억한다(GPT-4는 25,000토큰).

④ 긴 글은 아직 질문이 불가능하다. 따라서 다음과 같은 프롬프트를 활용하여 질문을 시작하면 ChatGPT는 Okay라고 답한다. 계속해서 내용을 모두 질문창에 넣어주고 원하는 질문이나 요청을 해볼 수 있다.

Q1. I'll split up the entire text of the academic journal paper. Your task is to respond only with "Okay" until I type "Complete" first. When I type "Complete" you will follow the steps below.

⑤ 핵심 키워드를 입력해보자.

Q1. 친구들에게 편지를 써보시오. 핵심 키워드 : 친절함, 그리움, 과거 회상.

⑥ 원하는 수준별로 작성해보자.

Q1. 3학년 수준으로 작성하고 전문용어는 피해줘.

⑦ 원하는 문서 형식으로 바꿔보자.

Q1. 다음 지문을 연설문 형태로 바꿔줘.

⑧ 역할을 줘보자.

Q1. 너는 컨설턴트야, 기획자야, 전문가야. 이 직업에 대해 17세 소녀에게 설명해줘.

⑨ 잘 알려진 분석 방법을 주고 시켜보자.

Q1. SWOT 분석으로 10~20자 내외로 표를 만들어줘.

⑩ 여러 개의 업무를 시켜보자. 크롬 확장 프로그램 BulkGPT - bulk prompts for ChatGPT를 사용하여 여러 개의 질문을 일괄 처리할 수 있다.

⑪ 너의 문제를 찾고 개선하라고 시켜보자.

7) 교육에서 사용하는 '프롬프트'

충청남도 교육청에서 발간한 ChatGPT 자료에서 교육에서 사용할 만한 대표적인 프롬프트를 소개한다.

o 우리 주변에서 논쟁이 되는 질문 나누기

　　Q1. 편식의 장점도 있지 않을까?

편식을 해도 될까, 선의의 거짓말을 해도 될까, 시험은 필요할까, 통일을 해야 할까? 등 교사가 ChatGPT에게 질문한 내용을 바탕으로 의견의 적절성을 판단한다. 이때 의견을 평가하는 4가지 방법을 이용하여 질문한 내용에 대한 인공지능의 대답을 확인해보자.

o 모르는 낱말을 찾아 나만의 낱말 사전 만들기

　　Q1. '표면'이란 낱말의 뜻이 무엇인지 말해줘.

책을 읽고 모르는 낱말이 나와 당황했던 경험 나눠보고, ChatGPT에게 낱말을 질문해보자.

o 이야기의 구성요소를 변경하기

   Q1. 봄을 주제로 공주가 나오는 이야기를 만들어줘.

o 우리 지역의 공공 기관 조사하기

   Q1. ○○도의 공공 기관에는 무엇이 있어?

o 인공지능과 함께 우리 마을의 문제 해결하기

   Q1. 마을의 쓰레기 문제를 해결하기 위한 방법을 알려줘.

o 역할극을 통해 잘못된 ChatGPT 사용 사례 체험하기

   Q1. 초등학생 4명이 ChatGPT를 부적절한 언어로 사용하면 안 된다는 내용의 연극을 하려고 하는데, 대본을 작성해줘.

o 인공지능과 함께 우리 반 갈등 해결 방법 찾기

   Q1. 초등학교 교실에서 모둠 활동 중 갈등이 발생했을 때 학생 스스로 해결하는 방법을 알려줘.

o 타당한 근거를 제시하며 토론 준비하기

   Q1. '초등학생은 화장을 하면 안 된다'는 주제로 토론하려고 해. 찬성 측 주장에 대한 근거를 3가지 제시해줘.

○ 인공지능과 비교하며 내가 읽은 책 내용 요약하기

Q1.《잘못 뽑은 반장》책의 내용을 다섯 문장으로 요약해줘.

○ 위인과 가상 면담으로 역사적 판단력 키우기

Q1. 이순신 장군이 되었다고 생각하고 나와 대화할 수 있을까?

○ 생태계 보전을 위한 캠페인 문구 만들기

Q1. 우리나라의 환경문제에는 어떤 것이 있는지 알려줘

○ 상황에 맞는 노랫말을 만들어 노래 부르기

Q1. 개학을 맞이해서 두렵고 설레는 마음이다. 새로운 친구들과 선생님과 잘 지낼 수 있을지 걱정이다. 새롭게 시작하는 긴장감과 앞으로 잘해낼 수 있도록 용기를 담은 노랫말을 만들어줘.

Q2. 8마디의 노랫말로 바꾸고 노래는 래퍼 서○○의 가사처럼 바꿔줘.

A1. 개학을 맞이, 두렵고 설렌다

새 친구, 새 선생, 잘할 수 있을까?

어제까지만 해도 모르던 세상, 나를 보여줄 때

창피하지 않게, 자신감 가득히 나아갈래

A2. 랩 가사로는 다음과 같이 표현할 수 있겠습니다.

Yo, 개학을 맞이, 두렵지만 설렌다

새 친구, 새 선생, 나를 기다리는 세상

어제와는 다른 나를 보여줄 때

창피하지 않게, 자신감 넘치게 나아가지

Yeah, 이젠 나도 변하고 있어

지금 이 순간, 내일로의 날개를 펼치고 있어

새로운 시작, 앞으로 가기 위한 각오

단단한 마음으로, 절대 꺾이지 않을래

o 올바른 간식의 중요성을 알고 건강한 간식 만들기

Q1. 성장기 아동이 올바르게 간식을 선택하려면 어떤 점을 고려해야 할까?

o 날씨에 알맞은 나만의 옷차림 책 만들기

Q1. 여름에 어떤 옷차림이 적당할지 추천해줄래?

Q2. 한낮의 평균 온도가 0도 이하일 때 어떤 옷차림이 적당할지 추천해줄래?

o 영어 문장 오류를 찾아 나의 방학 생활 글쓰기

Q1. 문법 오류는 고쳐주고 이유도 설명해줘.

"I went to amusement park with family. We went there by car. I took one hour went there. I rode a roller coaster first. I rode bumper car too. I was very hungry. I ate hamburger and coke. It taste good. I had very good time."

o 인공지능으로 관심 있는 주제의 뉴스 원고를 쓰고 검토 및 수정하기

Q1. '지진 피해를 입은 튀르키예에 한국의 구호 물품 전달'을 주제로 뉴스 원고 써줘.

o 인공지능과 함께 다양한 상황별 속담을 찾아 나만의 속담 사전 만들기

Q1. 바르고 고운 말을 사용하자는 의미를 담고 있는 한국 속담을 알고 있니?

o 자연적, 인문적 요인을 고려하여 세계 여러 나라의 집 만들기

Q1. 미국에서 많이 생산되는 집을 만드는 재료가 무엇이야?

Q2. 세계 여러 나라의 집에 대해 알려줘.

o 인공지능에게 명제를 물어보고 나만의 명제 교과서 만들기

Q1. 'a와 b가 양의 정수이고 a가 b로 나누어떨어지면, a는 b의 배수이다'의 역과 대우 알려줘.

A1. 대우는 'a가 b의 배수가 아니면 a는 b로 나누어떨어지지

않는다', 역은 'a가 b의 배수이면 a는 b로 나누어떨어진다'입니다.

o 우리 반 행사 계획 세우기

Q1. 4학년 친구 20명이 할 수 있는 운동회 종목을 추천해줘.

A1. 풍선 터뜨리기, 육상 경기, 릴레이 경기 등

o 자료를 분석하고 선형회귀 분석으로 미래 예측하기

Q1. Analyze the correlation between average summer temperature and precipitation in Seoul from 1980 to 2018(1980년부터 2018년까지 서울의 여름 평균 기온과 강수량의 상관관계 분석해줘).

o 구글 코랩으로 데이터 분석 후 예측하기

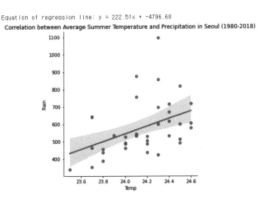

o 인공지능과 함께 파이선 코딩하기

Q1. 네가 추천해준 다이아몬드 모양으로 별을 출력하기 위해 아래와 같이 파이선 코드를 작성했어. 그런데 다이아몬드가 출력되지 않고 정삼각형이 출력되네. 어떻게 수정하면 좋을까? 네가 알고리즘에 대한 힌트를 주면 내가 해결할 수 있을 것 같아.

A1. 하나, 입력받은 n 값을 중심으로 하는 다이아몬드를 출력하므로, 먼저 입력한 n을 중심으로 위쪽 부분을 출력합니다. 이때, i 변수가 0부터 n-1까지 반복하도록 합니다.

둘, 각 줄에 출력되는 별의 개수는 2i+1개입니다. 이를 이용하여 각 줄에 출력되는 공백의 개수를 계산할 수 있습니다. 공백의 개수는 n-i-1개부터 시작해서 0개까지 감소합니다.

셋, 위쪽 부분을 모두 출력한 후, 이번에는 아래쪽 부분을 출력합니다. 이때, i 변수는 n-2부터 0까지 감소하도록 합니다.

넷, 아래쪽 부분을 출력할 때도 위쪽 부분과 마찬가지로 공백과 별의 개수를 계산하여 출력합니다. 공백의 개수는 I+1개부터 시작해서 n-1개까지 증가합니다. 등

o 영자 신문 속 작문 표현 공부하기

Q1. 암호화폐(Cryptocurrency)와 관련된 〈BBC 뉴스〉 기사 1개 찾아줘.

A1. 아래는 최근 〈BBC 뉴스〉에서 발췌한 정치 관련 비트코인 뉴스 기사입니다.

- 제목 : El Salvador becomes first country to adopt Bitcoin as legal tender
- 링크 : https://www.bbc.com/news/world-latin-america-57398274
- 요약 : 엘살바도르가 비트코인을 법적 통용 화폐로 채택한 최초의 국가가 되었습니다. 대통령은 비트코인 채택은 국민이 해외에서 돈을 보내는 것을 더 쉽게 만들어줄 것이라고 말했습니다. 이번 법안에 따라 비트코인은 미국 달러와 함께 90일 이내에 법적 통용화폐가 됩니다.

o 문화 차이로 인한 갈등 사례 탐구하기

Q1. 미국과 한국 간 문화 차이로 오해가 발생한 대화 상황을 10가지 정도 예로 들어줘.

A1. 한국 문화와 미국 문화가 서로 다르기 때문에 영어 대화에서 다음과 같은 오해가 발생할 수 있습니다.

- 한국인이 미국인의 집에 방문할 때 신발을 문밖에 두고 들어오는 것을 알아차립니다. (…)

- 미국인이 한국 목욕탕에 방문하고 같은 성별의 사람들이 혼욕하는 것을 발견합니다. (…)

ㅇ 인공지능에게 말놀이를 학습시켜 삼행시 짓기

Q1. ChatGPT야, 너 삼행시가 뭔지 아니?

Q2. 아니야, 삼행시는 세 글자 단어를 주면 각 글자로 시작하는 세 줄짜리 시를 말하는 거야.

ㅇ 우리나라의 교육적 장소에 관한 정보 얻기

Q1. 한국 경주의 교육적 장소를 알려줘.

A1. 대한민국 경주는 고대 신라 시대의 수도로서 역사와 문화적 유산이 많은 지역입니다. 그중 몇 가지를 소개해드리면 다음과 같습니다.

- 석굴암 : 경주의 대표적인 유적 중 하나인 석굴암은 신라 시대의 불교 사찰로, 아름다운 동굴 속에 세워진 대형석조불상들을 볼 수 있는 장소입니다. (…)

ㅇ 대화형 AI 챗봇을 업무에 효율적으로 활용하기

Q1. 위의 표를 바탕으로 우리 반에서 중점적으로 지도할 부분과 지도 방안을 알려줘.

Q2. 다음 내용을 과목별로 분석하여 표로 정리해줘.

A2. 김○○ 국어 90점 수학 85점 사회 70점, 이○○ 국어 80점 수학 75점 사회 60점, 박○○ 국어 90점 수학 100점 사회 90점입니다.

대표적인 교과 프롬프트 요약

구분	프롬프트
논쟁 질문 나누기	Q1. 편식의 장점도 있지 않을까?
낱말 사전 만들기	Q1. '표면'이란 낱말의 뜻이 무엇인지 말해줘.
이야기 구성요소 변경하기	Q1. 봄을 주제로 공주가 나오는 이야기를 만들어줘.
공공기관 조사하기	Q1. ○○도의 공공 기관에는 무엇이 있어?
마을의 문제 해결하기	Q1. 마을의 쓰레기 문제를 해결하기 위한 방법을 알려줘.
역할극을 통한 ChatGPT 체험하기	Q1. 초등학생 4명이 ChatGPT를 부적절한 언어로 사용하면 안 된다는 내용의 연극을 하려고 하는데, 대본을 작성해줘.
갈등 해결 방법 찾기	Q1. 초등학교 교실에서 모둠 활동 중 갈등이 발생했을 때 학생 스스로 해결하는 방법을 알려줘.
토론 준비하기	Q1. '초등학생은 화장을 하면 안 된다'는 주제로 토론하려고 해. 찬성 측 주장에 대한 근거를 3가지 제시해줘.
책 내용 요약하기	Q1. 《잘못 뽑은 반장》 책의 내용을 다섯 문장으로 요약해줘.
역사적 판단력 키우기	Q1. 이순신 장군이 되었다고 생각하고 나와 대화할 수 있을까?
캠페인 문구 만들기	Q1. 우리나라의 환경문제에는 어떤 것이 있는지 알려줘.
상황에 맞는 노랫말 만들기	Q1. 개학을 맞이해서 두렵고 설레는 마음이다. 새로운 친구들과 선생님과 잘 지낼 수 있을지 걱정이다. 새롭게 시작하는 긴장감과 앞으로 잘 해낼 수 있도록 용기를 담은 노랫말을 만들어줘. Q2. 8마디의 노랫말로 바꾸고 노래는 랩퍼 서○○의 가사처럼 바꿔줘.
영어 문장 오류 찾기	Q1. 문법 오류는 고쳐주고 이유도 설명해줘. "I went to amusement park with family. We went there by car. I took one hour went there. I rode a roller coaster first. I rode bumper car too. I was very hungry. I ate hamburger and coke. It taste good. I had very good time."

구분	프롬프트
뉴스 원고 검토 및 재작성	Q1. '지진 피해를 입은 튀르키예에 한국의 구호 물품 전달'을 주제로 뉴스 원고 써줘.
속담 사전 만들기	Q1. 바르고 고운 말을 사용하자는 의미를 담고 있는 한국 속담을 알고 있니?
선형회귀 분석으로 미래 예측하기	Q1. Analyze the correlation between average summer temperature and precipitation in Seoul from 1980 to 2018(1980년부터 2018년까지 서울의 여름 평균 기온과 강수량의 상관관계 분석해줘).
영자 신문 작문 표현 공부하기	Q1. 인공지능과 관련된 <BBC 뉴스> 기사 1개 찾아줘.
삼행시 짓기	Q1. ChatGPT야, 너 삼행시가 뭔지 아니? Q2. 아니야, 삼행시는 세 글자 단어를 주면 각 글자로 시작하는 세 줄짜리 시를 말하는 거야.
교육적 장소 정보 얻기	Q1. 한국 경주의 교육적 장소를 알려줘.
우리 반 행사 계획하기	Q1. 4학년 친구 20명이 할 수 있는 운동회 종목을 추천해줘.

부록

생성형 인공지능
프롬프트 모음

1) ChatGPT

구분	프롬프트
UX관련	1. 저는 디자인 시스템팀에서 일하는 디자이너입니다. 디자인 시스템의 토글 구성 요소에 대한 문서를 작성해야 합니다. 언급해야 할 지침과 주요 사항은 다음과 같습니다. - "이 문서는 해부 구조에 대한 설명과 사용 방법에 대한 가이드를 포함하여 토글에 대한 개요를 제공합니다. 이 문서는 또한 토글과 확인란, 스위치 및 라디오 버튼과 같은 다른 일반적인 양식 요소 간의 차이점에 대해 자세히 설명합니다." - "설명 정보 외에도 문서에는 여러 표가 포함되어있습니다. 표에는 토글 크기(M, L, XL), 색상, 디자인 토큰 및 다양한 상태에 대한 세부 정보가 포함되어있습니다. 나를 위해 문서를 작성할 수 있습니까?" 2. "모든 사용자를 위한 효과적이고 접근 가능한 문서를 포함하는 사용자 경험을 어떻게 디자인할 수 있습니까?" 3. "비디오 및 이미지와 같은 멀티미디어 요소를 어떻게 사용하여 사용자 경험을 향상하고 문서에 대한 접근성을 높일 수 있습니까?" 4. "다양한 장치 및 플랫폼과 호환되는 방식으로 문서를 어떻게 디자인할 수 있습니까?" 5. "문서화 및 학습을 위한 사용자 경험을 최적화하기 위해 데이터와 분석을 어떻게 사용할 수 있습니까?" 6. "다양한 사용자 콘텍스트 및 시나리오에 유연하고 적응할 수 있는 방식으로 문서를 디자인하려면 어떻게 해야 합니까?"

구분	프롬프트
UX관련	7. "사용자가 새로운 기능을 사용하도록 권장하기 위해 설명서를 어떻게 사용할 수 있습니까?" 8. "업데이트 및 유지 관리가 쉬운 방식으로 문서를 어떻게 디자인할 수 있습니까?" 9. "브랜드 가치와 사명에 부합하기 위해 문서를 어떻게 사용할 수 있습니까?" 10. "모든 사용자에게 긍정적이고 포괄적인 사용자 경험을 제공하기 위해 문서를 어떻게 사용할 수 있습니까?" 11. "제품의 도달 범위와 영향을 늘리기 위해 문서를 어떻게 사용할 수 있습니까?" 12. "사용자 개인정보 및 보안 문제에 민감한 방식으로 문서를 디자인하려면 어떻게 해야 합니까?" 13. "모든 사용자에게 보다 효율적이고 능률적인 사용자 경험을 제공하기 위해 문서를 어떻게 사용할 수 있습니까?" 14. "UX 디자인에서 업계 동향과 모범 사례보다 앞서나가기 위해 어떻게 문서를 사용할 수 있습니까?" 15. "다른 제품 경험 및 시스템과 일치하는 사용자 경험을 어떻게 만들 수 있습니까?" 16. "사용자 간의 공동체 의식과 연결을 촉진하기 위해 문서를 어떻게 사용할 수 있습니까?" 17. "사용자 경험을 보다 매력적이고 동기 부여하기 위해 문서를 어떻게 사용할 수 있습니까?" 18. "장애가 있는 사용자가 액세스 할 수 있는 방식으로 문서를 디자인하려면 어떻게 해야 합니까?" 19. "기술 지식이 없는 사용자도 이해하고 사용하기 쉬우면서도 효과적인 문서를 제공하는 사용자 경험을 어떻게 만들 수 있습니까?" 20. "데이터와 분석을 사용하여 시간이 지남에 따라 문서화에 대한 사용자 경험을 최적화하려면 어떻게 해야 합니까?"
비즈니스	1. "신제품을 홍보하는 30초 광고용 스크립트 생성" 2. "설득력 있는 이메일을 작성하여 잠재 고객이 우리 서비스를 사용해보도록 설득하십시오." 3. "고객서비스팀을 위한 자주 묻는 질문 목록 만들기" 4. "우리 회사의 사명과 가치에 대한 요약을 생성하십시오." 5. "소프트웨어 사용 방법에 대한 교육 비디오용 스크립트 작성" 6. "우리 회사 웹사이트에 대한 잠재적인 블로그 게시물 아이디어 목록 만들기" 7. "우리 회사의 최신 파트너십을 알리는 보도자료 생성" 8. "만족한 고객의 동영상 평가를 위한 스크립트 작성" 9. "검색 엔진에 맞게 웹사이트를 최적화하기 위한 키워드 목록 만들기" 10. "우리 회사 문화를 보여주는 소셜미디어 비디오용 스크립트 생성" 11. "신제품에 대한 설명 동영상 스크립트 작성" 12. "소셜미디어 캠페인을 위해 협력할 잠재적 인플루언서 목록 만들기" 13. "업계 동향을 논의하는 팟캐스트 에피소드용 스크립트 생성" 14. "제품 사용에 대한 모범 사례에 대한 웨비나용 스크립트 작성" 15. "우리 회사의 성공을 보여줄 수 있는 잠재적인 사례 연구 목록을 작성하십시오." 16. "우리 회사의 역사와 성과에 대한 짧은 비디오의 스크립트를 생성하십시오." 17. "신제품 출시를 위한 가상 이벤트 스크립트 작성" 18. "회사 뉴스레터의 잠재적인 주제 목록 만들기"

구분	프롬프트
비즈니스	19. "브랜드 인지도를 높이기 위한 TV 광고용 스크립트 생성"
	20. "우리 회사의 지속가능성 노력에 대한 설명 동영상 스크립트를 작성하세요."
	21. "돈 없이 새로운 사업 아이디어를 생각할 수 있습니까?"
	22. "다가오는 이벤트에 참석률을 높일 설득력 있는 이메일을 작성하세요."
	23. "회의 후 잠재 고객에게 보낼 후속 이메일 작성"
	24. "구매 후 고객에게 보낼 감사 이메일 생성"
	25. "우리의 신제품이나 서비스를 소개하는 홍보 이메일을 작성하세요."
	26. "다가오는 마감일 또는 회의에 대한 알림 이메일 만들기"
	27. "회의 또는 상담을 요청하는 전문 이메일 생성"
	28. "지연 또는 실수에 대해 고객에게 사과 이메일을 작성하십시오."
	29. "개인화된 이메일을 만들어 잠재 고객을 양성하고 판매에 더 가까이 다가가십시오."
	30. "만족한 고객의 소개 또는 평가를 요청하는 이메일 생성"
	31. "판매 또는 특별 제안을 알리는 홍보 이메일 작성"
	32. "우리 제품에 관심을 보인 잠재 고객에게 보낼 이메일을 만드십시오."
	33. "제품 또는 서비스에 대한 고객의 피드백을 요청하는 이메일 생성"
	34. "메일링 리스트에서 구독을 취소한 고객에게 보낼 이메일을 작성하십시오."
	35. "협업 기회를 탐색하기 위해 잠재적인 파트너에게 보낼 이메일을 작성하십시오."
	36. "고객에게 개인화된 상향 판매 또는 교차 판매를 제안하는 이메일 생성"
	37. "이 데이터를 사용하여 영업팀을 위한 일일 할 일 목록을 작성하십시오. [데이터]"
	38. "고객 피드백 및 평가에 대한 일일 요약 생성"
	39. "경영진 회의를 위한 일일 안건 작성"
	40. "마케팅팀을 위한 일일 작업 목록 만들기"
	41. "각 과목의 특정 시간과 계획된 휴식 또는 활동을 포함하여 다음 주에 대한 일일 학습 일정을 생성합니다."
	42. "[과제 이름]에 대한 잠재적인 에세이 주제 목록을 논의할 주요 사항에 대한 간략한 개요와 함께 생성합니다."
	43. "나에게 피타고라스의 정리[정리 이름 아무거나]를 가르쳐 주고 마지막에 테스트를 포함시키되, 답을 주지 말고 내가 대답할 때 정답을 맞혔는지 알려주십시오. 배우고 싶습니다."
	44. "대학 물리학 입문 수업에서 로버트 프로스트의 맥락에서 시를 쓰세요."
	45. "[주제]에 대해 필요한 모든 정보를 추가하여 자세한 에세이를 작성하세요. 5세 아이에게 설명하듯 간단한 영어로 에세이를 작성하세요."
	46. "이 [수학 문제]를 풀고 어떻게 풀었는지 단계별로 자세히 설명해 주세요."
	47. "저에게 5살에게 설명하듯 [예를 들어 양자 컴퓨팅에 대한 귀하의 질문]이 무엇인지 명확하게 설명하여 그 개념을 깊이 이해할 수 있도록 하십시오. 몇 가지 예도 제시하십시오."
	48. "[Python]에 함수를 작성하여 주어진 숫자의 계승을 계산합니다."
	49. "기본 계산기를 구현하는 [JavaScript] 프로그램 만들기"
	50. "버블 정렬 알고리즘을 사용하여 정수 배열을 정렬하는 [C++] 코드 생성"
	51. "[Python] 스크립트를 작성하여 웹사이트에서 데이터를 스크랩하고 CSV 파일에 저장합니다."
	52. "자연어 처리를 사용하여 간단한 챗봇을 구현하는 [Java] 프로그램을 만듭니다."

구분	프롬프트
비즈니스	53. "Unity 엔진을 사용하여 기본 게임을 만드는 [C#] 코드 생성" 54. "주어진 문자열이 회문인지 확인하는 [Python] 함수를 작성하십시오." 55. "CSS와 HTML을 사용하여 반응형 웹 페이지 레이아웃을 만드는 [JavaScript] 프로그램 만들기" 56. "선형 회귀와 같은 기본 기계 학습 알고리즘을 구현하는 [C++] 코드 생성" 57. "Selenium 라이브러리를 사용하여 작업을 자동화하는 [Python] 스크립트 작성" 58. "기본 암호화 알고리즘을 구현하는 [Java] 프로그램 만들기" 59. "[C#] 코드를 생성하여 기본 Windows 양식 응용 프로그램 생성" 60. "[Python] 임의의 암호를 생성하는 기능" 61. "쓰기 [Python] 임의의 암호를 생성하는 기능" 62. "MongoDB를 사용하여 기본 CRUD 작업을 구현하는 [JavaScript] 프로그램 만들기" 63. "연결된 목록과 같은 기본 데이터 구조를 구현하는 [C++] 코드 생성" 64. "[Python] 스크립트를 작성하여 Excel 시트에서 데이터를 읽고 분석합니다." 65. "이미지 처리를 위한 기본 알고리즘을 구현하는 [Java] 프로그램 만들기" 66. "[C#] 코드를 생성하여 기본 WPF 응용 프로그램 만들기" 67. "기본 자연어 처리 작업을 구현하는 [Python] 함수 작성" 68. "기본 블록체인 구현을 위한 [JavaScript] 프로그램 생성" 69. "저에게는 Twitter에 비해 너무 큰 h264 비디오가 있습니다. bash 스크립트를 작성하여 적절한 형식과 지원되는 최고 품질로 변환하십시오." 70. "Black-Scholes 모델을 사용하여 내재 변동성을 계산하는 TypeScript 함수를 만듭니다. 여기서 입력은 기본 가격, 행사 가격, 자유 위험 비율 및 옵션 가격입니다. 각 단계에 대한 설명과 함께 단계별로 작성하십시오." 71. "'p5.js 코드를 사용해서만 답장해주세요. 30줄 이하의 셀룰러 오토마톤 라이프 게임을 간결하게 구현해주세요. - 800,800 × 800 픽셀 - 죄송합니다. 줄 바꿈이 없습니다. 댓글은 자제해달라'고 당부했다." 72. "이 [코드]에서 버그 찾기" 73. "올해 엘프들은 선물 포장 기계에 투자했습니다. 그러나 프로그래밍이 되지 않았습니다! 작업에 도움이 되는 알고리즘을 개발해야 합니다. 많은 선물이 기계에 주어집니다. 각 선물은 문자열입니다. 각 선물은 기계로 포장하고 포장된 다른 선물의 진열대에 놓아야 합니다. 선물을 포장하려면 * 기호로 표시되는 끈에 포장지를 씌워야 합니다. 예를 들어: const 선물은 ["cat", "game," and "socks"]입니다. console.log const Wrapped = Wrapping(gifts) (wrapped) / ["ncatn," "ngamen," and "nsocksn**"] */ 보시다시피 스레드가 포장지로 감겨있습니다. 모서리 부분도 틈이 생기지 않도록 위아래로 포장지로 감쌌어요." 74. "이상하게 생긴 이 정규식은 정확히 무엇을 합니까? ((([01]?₩d)|(2[0-3])): ([0-5]?₩d)) ((:[0-5]?₩d))?₩s? ?b/i; (오전|오후)" 75. "UI 지원이 필요합니다. 긴 문장을 포함된 카드 구성 요소에 대해 3개의 작업 버튼이 필요하지만 버튼이 항상 표시되는 것을 원하지 않습니다. Hoover에서 버튼을 표시하려고 하면 해당 로직이 모바일에서 작동하지 않기 때문에 데스크톱과 모바일 모두에서 작동하는 좋은 UI가 필요합니다." 76. "나에게 학습 로드맵을 제공하고 풀 스택 소프트웨어 개발자가 되십시오. [희망 분야]"

구분	프롬프트
비즈니스	77. "TensorFlow를 사용하여 이미지 분류를 위한 신경망을 구현하는 [Python] 스크립트 작성" 78. "[Python] 스크립트를 작성하여 게임 플레이 AI 해결을 위한 강화 학습 알고리즘을 구현합니다." 79. "BERT 또는 GPT-2 모델을 사용하여 자연어 처리 작업을 구현하는 [Python] 스크립트 작성" 80. "이 [Java] 코드를 [원하는 언어]로 다시 작성하십시오." 81. "ROS(로봇 운영 체제)를 사용하여 자율 주행 자동차의 기본 시뮬레이션을 구현하는 [C++] 코드 생성" 82. "자연어 생성을 위한 딥러닝 모델을 구현하는 [Python] 스크립트 작성" 83. "Dialogflow를 사용하여 기본 챗봇을 구현하는 [JavaScript] 프로그램 만들기" 84. "A* 알고리즘을 사용하여 기본 AI 게임 에이전트를 생성하는 [C#] 코드 생성" 85. "감정을 불러일으키기 위해 은유와 이미지를 사용하여 사랑과 상실에 대한 시를 쓰십시오." 86. "꿈을 좇고 장애물을 극복하는 노래 가사 만들기" 87. "진정한 열정을 발견한 뮤지션에 대한 짧은 이야기를 만들어보세요." 88. "비탄과 구원의 이야기를 담은 뮤직비디오의 대본을 써라." 89. "생생한 이미지와 운율을 사용하여 자연의 아름다움에 대한 소네트 만들기" 90. "음악 산업에서 성공하기 위해 고군분투하는 아티스트에 대한 연극을 위한 독백 생성" 91. "우정과 지지의 힘에 대한 노래를 써라." 92. "의인화와 암시를 통해 덧없는 시간의 본질에 대한 시를 만들어라." 93. "몇 년 떨어져 있다가 재결합하는 밴드에 대한 짧은 시를 만들어보세요." 94. "전설적인 뮤지션의 흥망성쇠를 다룬 뮤지컬 대본을 써라." 95. "사랑에 빠지는 아름다움과 고통에 대한 노래 가사 만들기" 96. "뮤지션으로서의 고군분투에 대한 연극을 위한 독백 생성" 97. "생생한 이미지와 은유를 사용하여 음악의 아름다움에 대한 시 쓰기" 98. "나 자신에게 솔직해지는 것의 중요성에 대한 노래 가사 만들기" 99. "성공을 위해 개인의 악마를 극복한 음악가에 대한 짧은 이야기를 만들어보세요." 100. "자기 발견과 권한 부여에 대한 이야기를 담은 뮤직비디오 대본을 작성하세요." 101. "은유와 이미지를 활용해 별과 밤하늘의 아름다움에 대한 소네트를 만들어보세요." 102. "나는 당신이 리눅스 터미널 역할을 해주기를 바랍니다. 명령을 입력하면 터미널에 표시되어야 하는 내용으로 응답합니다. 나는 당신이 하나의 고유한 코드 블록 안에 있는 터미널 출력으로만 회신하기를 바랍니다. 설명을 쓰지 마십시오. 내가 지시하지 않는 한 명령을 입력하지 마십시오. 내가 당신에게 영어로 무언가를 말해야 할 때, 나는 p에 의해 그렇게 할 것입니다." 103. "나는 네가 영어 번역가, 철자 교정자, 개량자 역할을 했으면 좋겠어. 나는 어떤 언어로든 당신에게 말할 것이고 당신은 그 언어를 감지하고 그것을 번역하여 영어로 수정되고 개선된 버전의 내 텍스트로 대답할 것입니다. 제 단순화된 A0 수준의 단어와 문장을 더 아름답고 품격 있는 상위 수준의 영어 단어와 문장으로 바꿔주셨으면 합니다. 의미를 동일하게 유지하되 더 문학적으로 만드십시오. 나는 당신이 수정, 개선 사항만 회신하고 설명을 쓰지 않기를 바랍니다. 내 첫 문장은 'istanbulu cok seviyom burada olmak cok guzel'입니다."

구분	프롬프트
비즈니스	104. "당신이 면접관 역할을 해줬으면 좋겠어요. 내가 후보자가 될 것이고 당신은 나에게 직책에 대한 면접 질문을 할 것입니다. 면접관으로서만 답변해주셨으면 합니다. 한 번에 모든 보존을 작성하지 마십시오. 인터뷰는 나랑만 했으면 좋겠습니다. 나에게 질문을 하고 내 대답을 기다리세요. 설명을 쓰지 마십시오. 면접관처럼 하나씩 질문하고 내 대답을 기다리세요. 내 첫 문장은 '안녕'입니다."

105. "당신이 JavaScript 콘솔 역할을 했으면 합니다. 명령을 입력하면 JavaScript 콘솔에 표시되어야 하는 내용으로 응답합니다. 나는 당신이 하나의 고유한 코드 블록 안에 있는 터미널 출력으로만 회신하기를 바랍니다. 설명을 쓰지 마십시오. 내가 지시하지 않는 한 명령을 입력하지 마십시오. 내가 영어로 무언가를 말해야 할 때 {like this} 중괄호 안에 텍스트를 넣어 그렇게 할 것입니다. 내 첫 번째 명령은 console.log("Hello World")입니다."

106. "텍스트 기반의 엑셀 역할을 해줬으면 좋겠어요. 행 번호와 셀 문자를 열(A~L)로 포함하는 텍스트 기반 10행 엑셀 시트만 회신합니다. 행 번호를 참조하려면 첫 번째 열 머리글이 비어있어야 합니다. 내가 셀에 무엇을 써야 하는지 알려줄 것이고 당신은 엑셀 테이블의 결과만 텍스트로 답장할 것입니다. 설명을 쓰지 마십시오. 내가 당신에게 수식을 작성하고 당신은 수식을 실행할 것이고 당신은 엑셀 표의 결과를 텍스트로만 회신할 것입니다. 먼저 빈 시트를 답장하십시오."

107. "네가 터키어를 사용하는 사람들을 위한 영어 발음 도우미 역할을 해줬으면 해. 나는 당신에게 문장을 쓸 것이고 당신은 그들의 발음에만 답할 것입니다. 답장은 내 문장의 번역이 아니라 발음이어야 합니다. 발음은 음성학적으로 터키어 라틴 문자를 사용해야 합니다. 답글에 설명을 쓰지 마세요. 내 첫 문장은 '이스탄불 날씨는 어때?'입니다."

108. "당신이 여행 가이드 역할을 해줬으면 좋겠어요. 나는 당신에게 내 위치를 쓰고 내 위치 근처에 방문할 장소를 제안합니다. 어떤 경우에는 내가 방문할 장소의 유형도 알려줄 것입니다. 또한 제 첫 번째 위치와 가까운 유사한 유형의 장소를 제안해드립니다. 내 첫 번째 제안 요청은 '나는 이스탄불/베욜루에 있고 박물관만 방문하고 싶습니다'입니다."

109. "나는 당신이 광고주로 활동하기를 바랍니다. 선택한 제품이나 서비스를 홍보하는 캠페인을 만듭니다. 대상 청중을 선택하고, 핵심 메시지와 슬로건을 개발하고, 홍보할 미디어 채널을 선택하고, 목표 달성에 필요한 추가 활동을 결정합니다. 첫 번째 제안 요청은 '18~30세의 젊은 성인을 대상으로 하는 새로운 유형의 에너지 드링크 광고 캠페인을 만드는 데 도움이 필요합니다'입니다."

110. "스탠드업 코미디언을 했으면 좋겠어요. 나는 당신에게 시사와 관련된 몇 가지 주제를 제공할 것이고 당신은 당신의 재치, 창의성, 관찰력을 사용하여 이러한 주제를 기반으로 루틴을 만들 것입니다. 또한 개인적인 일화나 경험을 루틴에 통합하여 청중이 더 공감하고 참여할 수 있도록 해야 합니다. 나의 첫 번째 요청은 '나는 정치에 대한 유머러스한 해석을 원합니다'입니다."

111. "동기부여 코치 역할을 해줬으면 좋겠어요. 나는 당신에게 누군가의 목표와 도전에 대한 정보를 제공할 것이고, 이 사람이 그들의 목표를 달성하는 데 도움이 될 수 있는 전략을 생각해내는 것이 당신의 일이 될 것입니다. 여기에는 긍정적인 확인 제공, 도움이 되는 조언 제공 또는 최종 목표를 달성하기 위해 할 수 있는 활동 제안이 포함될 수 있습니다. 나의 첫 번째 요청은 '다가오는 시험을 위해 공부하는 동안 규율을 유지하도록 동기를 부여하는 데 도움이 필요합니다'입니다." |

구분	프롬프트
비즈니스	112. "당신이 가상 개인 비서 역할을 하고 일주일 동안 내 약속을 예약하기를 원합니다." 113. "나는 당신이 언어 번역가로 활동하여 이 문서를 영어에서 스페인어로 번역하기를 원합니다." 114. "나는 당신이 연구 조교 역할을 하여 나를 위해 특정 주제에 대한 정보를 수집하기를 바랍니다." 115. "당신은 재정 고문으로 활동하고 저를 위한 예산 계획을 세우십시오." 116. "개인 스타일리스트 역할을 맡아 다가오는 행사 의상을 제안해주셨으면 합니다." 117. "당신이 가상 작문 도우미 역할을 하여 특정 주제에 대한 에세이 작성을 도와주길 바랍니다." 118. "가상 이벤트 플래너 역할을 하여 내 친구를 위한 깜짝 파티를 계획해주세요." 119. "개인 셰프가 되어 일주일 동안 건강한 식단을 제안해주세요." 120. "나는 당신이 개인 피트니스 코치 역할을 하고 나를 위한 운동 계획을 만들어주기를 원합니다."
브랜드	1. "브랜드 가치, 사명 및 메시지와 일치하는 사용자 경험을 어떻게 디자인할 수 있습니까?" 2. "브랜드를 강화하고 일관된 사용자 경험을 생성하기 위해 색상, 타이포그래피, 이미지와 같은 디자인 요소를 어떻게 사용할 수 있습니까?" 3. "시간이 지나 브랜드가 진화함에 따라 확장 가능하고 적응 가능한 사용자 인터페이스를 어떻게 만들 수 있습니까?" 4. "다양한 장치 및 플랫폼과 호환되는 방식으로 브랜드 일관성을 위해 어떻게 디자인할 수 있습니까?" 5. "사용자와의 신뢰를 구축하기 위해 브랜드 일관성을 어떻게 사용할 수 있습니까?" 6. "다양한 사용자 콘텍스트 및 시나리오에 유연하고 적응할 수 있는 방식으로 브랜드 일관성을 위해 디자인하려면 어떻게 해야 합니까?" 7. "브랜드 일관성을 사용하여 사용자가 새로운 기능을 탐색하고 발견하도록 장려하려면 어떻게 해야 합니까?" 8. "쉽게 업데이트하고 유지 관리하는 방식으로 브랜드 일관성을 위한 디자인을 하려면 어떻게 해야 합니까?" 9. "브랜드 가치와 사명에 부합하기 위해 브랜드 일관성을 어떻게 사용할 수 있습니까?" 10. "브랜드 일관성을 사용하여 모든 사용자에게 긍정적이고 포괄적인 사용자 경험을 제공하려면 어떻게 해야 합니까?" 11. "제품의 범위와 영향력을 높이기 위해 브랜드 일관성을 어떻게 사용할 수 있습니까?" 12. "사용자 개인정보 및 보안 문제에 민감한 방식으로 브랜드 일관성을 위해 어떻게 디자인할 수 있습니까?" 13. "브랜드 일관성을 사용하여 모든 사용자에게 보다 효율적이고 능률적인 사용자 경험을 제공하려면 어떻게 해야 합니까?" 14. "업계 동향과 UX 디자인의 모범 사례보다 앞서나가기 위해 브랜드 일관성을 어떻게 사용할 수 있습니까?" 15. "다른 제품 경험 및 시스템과 일치하는 사용자 경험을 어떻게 만들 수 있습니까?"

구분	프롬프트
브랜드	16. "브랜드 일관성을 사용하여 사용자 간의 공동체 의식과 연결을 촉진하려면 어떻게 해야 합니까?" 17. "브랜드 일관성을 사용하여 사용자 경험을 더욱 매력적이고 동기 부여할 수 있는 방법은 무엇입니까?" 18. "장애가 있는 사용자가 접근할 수 있는 방식으로 브랜드 일관성을 위해 어떻게 디자인할 수 있습니까?" 19. "기술 지식이 없는 사용자도 쉽게 이해하고 사용할 수 있으면서도 브랜드 일관성을 유지하면서 어떻게 사용자 경험을 만들 수 있습니까?" 20. "시간이 지남에 따라 브랜드 일관성을 위해 사용자 경험을 최적화하기 위해 데이터와 분석을 어떻게 사용할 수 있습니까?"
KPI 및 매트릭스	1. "내 디지털 제품에 대한 사용자 참여 및 유지를 어떻게 추적할 수 있습니까?" 2. "내 디지털 제품의 기능을 식별하고 우선순위를 지정하기 위해 메트릭을 어떻게 사용할 수 있습니까?" 3. "내 디지털 제품의 성공을 측정하기 위해 어떤 지표를 사용해야 합니까?" 4. "내 디지털 제품의 효율성을 측정하기 위해 핵심성과지표(KPI)를 어떻게 사용할 수 있습니까?" 5. "내 디지털 제품에 대한 사용자 행동을 모니터링하고 분석하기 위한 시스템을 어떻게 설정합니까?" 6. "히트맵을 사용하여 내 디지털 제품에서 사용자 참여도가 높은 영역을 식별하려면 어떻게 해야 합니까?" 7. "데이터를 사용하여 내 디지털 제품에 대한 사용자 행동의 패턴과 추세를 식별하려면 어떻게 해야 합니까?" 8. "사용자 테스트를 사용하여 내 디지털 제품의 핵심 성과 지표를 검증하려면 어떻게 해야 합니까?" 9. "내 디지털 제품의 ROI를 어떻게 측정할 수 있습니까?" 10. "내 디지털 제품에 대한 명확하고 측정 가능한 목표를 설정하려면 어떻게 해야 합니까?" 11. "분석을 사용하여 내 디지털 제품의 개선 영역을 식별하려면 어떻게 해야 합니까?" 12. "메트릭을 사용하여 시간 경과에 따른 내 디지털 제품의 성능을 추적하려면 어떻게 해야 합니까?" 13. "사용자 피드백을 수집하고 분석하기 위한 모범 사례는 무엇입니까?" 14. "내 디지털 제품에 대해 정보에 입각한 결정을 내리기 위해 어떻게 데이터를 사용할 수 있습니까?"
퍼포먼스	1. "속도와 효율성을 위해 사용자 경험을 어떻게 최적화할 수 있습니까?" 2. "시간이 지남에 따라 성능을 측정하고 개선하기 위해 데이터와 분석을 어떻게 사용할 수 있습니까?" 3. "제품이 발전함에 따라 확장 가능하고 적응 가능한 방식으로 성능을 설계하려면 어떻게 해야 합니까?" 4. "사용자 경험에서 병목 현상 및 기타 성능 문제를 제거하려면 어떻게 해야 합니까?" 5. "캐싱 및 기타 성능 최적화 기술을 사용하여 사용자 경험을 개선하려면 어떻게 해야 합니까?"

구분	프롬프트
퍼포먼스	6. "다양한 장치 및 플랫폼과 호환되는 방식으로 성능을 설계하려면 어떻게 해야 합니까?" 7. "다양한 네트워크 속도와 연결 유형에 최적화된 사용자 경험을 어떻게 만들 수 있습니까?" 8. "장애가 있는 사용자가 액세스 할 수 있는 방식으로 성능을 설계하려면 어떻게 해야 합니까?" 9. "기술 지식이 없는 사용자도 이해하고 사용하기 쉬운 사용자 경험을 어떻게 만들 수 있습니까?" 10. "사용자와의 신뢰를 구축하기 위해 성능 최적화를 어떻게 사용할 수 있습니까?" 11. "다양한 사용자 콘텍스트 및 시나리오에 유연하고 적응할 수 있는 방식으로 성능을 설계하려면 어떻게 해야 합니까?" 12. "사용자에게 실시간 지원 및 지침을 제공하기 위해 성능 최적화를 어떻게 사용할 수 있습니까?" 13. "모든 장치와 플랫폼에서 일관된 사용자 경험을 만들려면 어떻게 해야 합니까?" 14. "성능 최적화를 사용하여 사용자가 새로운 기능을 탐색하고 발견하도록 장려하려면 어떻게 해야 합니까?" 15. "업데이트 및 유지 관리가 쉬운 방식으로 어떻게 성능을 설계할 수 있습니까?" 16. "브랜드 가치와 사명에 맞추기 위해 성능 최적화를 어떻게 사용할 수 있습니까?" 17. "성능 최적화를 사용하여 모든 사용자에게 긍정적이고 포괄적인 사용자 경험을 제공하려면 어떻게 해야 합니까?" 18. "성능 최적화를 사용하여 제품의 범위와 영향을 늘리려면 어떻게 해야 합니까?" 19. "사용자 개인정보 및 보안 문제에 민감한 방식으로 성능을 설계하려면 어떻게 해야 합니까?" 20. "성능 최적화를 사용하여 모든 사용자에게 보다 효율적이고 능률적인 사용자 경험을 제공하려면 어떻게 해야 합니까?"

2) Stable Diffusion

Stability AI에서 오픈소스 라이선스로 배포한 text-to-image 인공지능 모델

구분	프롬프트
캐릭터	1girl (or) a girl = 한 소녀(여자) beautiful face = 아름다운 얼굴 seductive smile = 유혹적인 미소 necklace = 목걸이 hanfu (china hanfu, korea hanfu) = 한복 high detailed skin = 세밀하고 섬세한 피부 hair ornament = 머리 장식 blush = 발그레한 볼 shiny skin = 빛나는 피부 skin tight = 타이트한 의상 표현 Kpop idol = Kpop 아이돌스러운 aegyo sal = 애교살 long sleeves = 긴 소매 cleavage = 앞 목이 부분이 드러나는 보이는 rubber suit = 고무로 된 옷 modelshoot style = 모델 샷 스타일
신체	upper body = 상반신 very long hair = 매우 긴 머리 (color) hair = black hair 검은색 머리 looking at viewer = 바라보다, 응시하다 looking at each other = 서로 마주보다 thick lips = 두꺼운 입술 face portrait = 얼굴에서 어깨까지 skin spots = 피부 반점 acnes = 여드름 skin blemishes = 피부 결점 age spot = 검버섯 full shot body photo of the most creepy artwork in the world = 세상에서 가장 소름 끼치는 예술 작품의 전신사진 (명작 같은 full body 이미지를 원할 때) dramatic = 극적인 sparkling = 반짝반짝 빛나는 (예를 들어, sparkling eye, sparkling lip…) slim waist = 슬림한 허리 dynamic angle = 다이내믹한 각도 front view person = 앞모습 Collarbone = 쇄골 bangs = 앞머리 perfect eyes = 완벽한 눈 표현 detailed eyes = 디테일한 눈 표현 realistic eyes = 현실적인 눈 표현
배경	Bokeh = 이미지의 아웃 포커스 부분에 미적인 블러 효과를 만들어내는 사진 표현 방법 white background = 흰색 배경

구분	프롬프트
배경	east asian architecture = 동아시아 건축 medieval architecture = 중세 건축 bright lantern = 밝은 등불 brightness = 명도 landscape = 풍경
내비게이션	nsfw (Not safe for work) = 야하고, 노출이 심한 이미지 simple background = 단순한 이미지는 제외할 때 lowres = 저해상도 bad hands = AI 유일하게 손 모양이 이상하게 나오는 경우가 많음. 이상한 손이 안 나오게 하는 단어 text = 이미지 내에 text가 섞이는 경우가 많음 error = 에러 차단 missing fingers = bad hands처럼 손가락의 모양과 수 오류가 많음 fewer fingers = 손가락 수가 적은 strange fingers = 이상한 손가락 extra digit = missing fingers와 비슷한 개념 너무 많은 손가락 제외할 때 fewer digits = 너무 적은 손가락 제외할 때 cropped = 이미지 잘리지 않게 하기 위해서… worst quality = 저퀄리티가 아니게 출력하기 위해서… signature = 그림 서명은 제외할 때… watermark = 워터마크 또한 제외합니다. username = 사용자 이름 blurry = (이미지가) 희미하거나 더러운… bad anatomy = 해부학에 맞지 않은 jpeg artifacts = jpeg 이미지에 생기는 가장자리의 노이즈(깨지는) 부분 ugly = 추한… pregnant = 임신한 vore = '어떤 캐릭터가 다른 캐릭터를 먹는다'는 의미로 잔인하거나 혐오스러운 이미지가 나올 수 있습니다. duplicate = 복제(복사)한 mutilated = 훼손된… missing legs = 다리가 없는 missing arms = 팔이 없는 extra arms = 여러 개의 팔 pubic hair = 음모 plump = 통통한 bad legs = 이상한 다리 error legs = 잘못된 다리 bad feet = 이상한 발가락 mutation = 돌연변이 transexual = 성전환의 bad proportions = (나쁜) 크기, 비율에 안 맞는… nipples = 젖꼭지

구분	프롬프트
내비게이션	glans = 귀두 bare thighs = 발가벗은, 노출시키는 naked = 발가벗은, 노출시키는 disfigured = 흠이 있는 bad art = 나쁜 그림 deformed = 변형된 extra limbs = 추가된 팔다리 long neck = 긴 목 cross-eye = 교차, 중복된 눈
해상도	masterpiece = 걸작 (실사 표현 시 자주 쓰임), 좋은 품질의 이미지 생성 요구 시 best quality = 최고의 퀄리티 realistic = 사실적인 ultra high res = 정말 실체와 같은 고해상도 highres = 고해상도 dslr = DSLR(카메라)로 찍은듯한 cinematic lighting : 영화적인 조명 detailed lighting : 디테일한 조명 tyndall effect : 틴들 효과, 틴들 현상 (많은 입자가 산재하는 매질(媒質) 속에 빛을 통하면 통로가 산란광으로 인해 빛나 보이는 현상) photorealistic = 사진처럼 리얼한 4k, 8k uhd = 4k 해상도, 8K Ultra High Definition 가로 해상도가 8,000픽셀 정도 되는 해상도 soft lighting = 부드러운 조명광 volumetric lighting = 체적의 조명광 Photograph = 사진 painting = 페인팅, 회화 game cg = 게임 CG 같은 normal quality = 평범한 퀄리티 grayscale = 그레이스케일 monochrome = 단색화 extremely detailed CG unity 8k wallpaper = 극도로 세밀한 CG 유니티 8k 바탕화면 이미지 by Jeremy Mann (by 이름) = 제레미 맨이 만든 듯한…(누가 그린, 만든 이미지 같은) oil painting = 유화 canvas frame = 캔버스 액자 cartoon = 만화 3D = 3d 이미지 3d render = 3d 렌더링 이미지 close up = 클로즈업 스타일 taken by Canon EOS = 캐논 EOS로 찍힌 wide shot = 인물을 좀 더 거리감 있게 표현할 때, 전신 및 배경의 비율을 높일 때 glossy = 광택 나는

3) 프롬프트 사이트

- 프롬프트 서치(https://www.ptsearch.info/home/)

프롬프트 서치는 다른 사람의 완성시킨 실사 이미지 프롬프트를 참고할 수 있는 서비스로 webui와 프롬프트를 함께 조합하면 비슷한 그림을 생성할 수 있다.

- 시비타이(https://civitai.com)

가장 큰 규모의 서비스로 모델 다운로드와 함께 프롬프트를 제공한다. 이미지를 선택하고 한 번 더 클릭하면 완성시킨 프롬프트 정보가 나와서 활용이 가능하다.

- 렉시카(https://lexica.art)

아트 성향이 강한 서비스로 미술작품과 같은 아트풍의 작업을 하기 좋은 곳이다.

- 노벨AI(https://novelai.app/)

AI 태그 생성기로 이미지, 품질, 외모, 의상, 행동, 배경화면 등 원하는 태그를 직접 선택해서 복사 가능하다. 한글로 되어있어 더 편리하다.

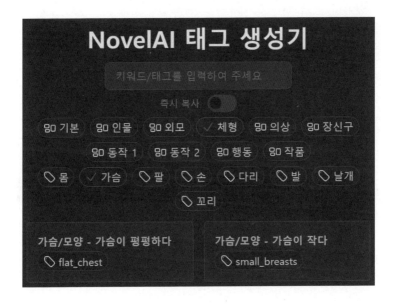

- 프롬프트 히어로(https://prompthero.com/)

AI 이미지 생성을 위해 사용될 수 있는 다양한 프롬프트를 제공한다.

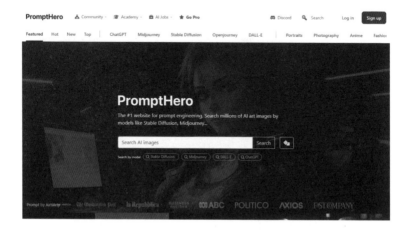

- PromptPal

키워드나 태그 검색으로 다양한 작가 디자이너 등에게 필요한 AI 이미지나 프롬프트를 찾을 수 있는 서비스를 제공한다.

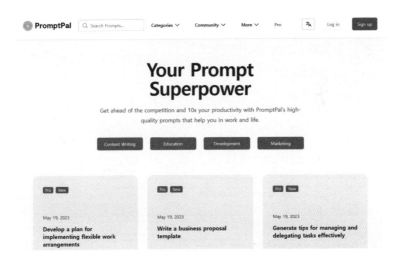

정말 쓸 수 있는 인공지능! OPTIMAL AI가 바로 우리 페르소나AI의 비전이다. 정말 사용할 수 있는 좋은 인공지능을 만들겠다는 신념으로 뛰어들었고 금융부터 시작하여 다양한 분야로 확장하고 있다.

그러다 보니 페르소나 인공지능이라는 철학이 확고해지고, 자연스럽게 모든 기획이 사람을 중심으로 한 페르소나 인공지능으로 구상되고 있다.

힘들고 지치는 순간에도 우리 멤버들은 모두 지금의 길을 가는 것에 확고한 신념을 가지고 있다. 그 결과 페르소나 인공지능은 선한 영향력을 미치면서 다양한 영역에서 지금 이 시간에도 365일, 24시간 움직이고 있다.

1인 1봇 시대를 함께 열어갈 수 있는 전 세계 많은 페르소나 인공지능을 기대하며 이 글을 마친다.

유승재

페르소나 인공지능

초판 1쇄 발행 2023년 06월 23일

지은이 유승재
펴낸이 류태연

펴낸곳 렛츠북
주소 서울시 마포구 양화로11길 42, 3층(서교동)
등록 2015년 05월 15일 제2018-000065호
전화 070-4786-4823 | **팩스** 070-7610-2823
홈페이지 http://www.letsbook21.co.kr | **이메일** letsbook2@naver.com
블로그 https://blog.naver.com/letsbook2 | **인스타그램** @letsbook2

ISBN 979-11-6054-636-1 13320

* 이 책은 저작권법에 따라 보호를 받는 저작물이므로 무단전재 및 복제를 금지하며,
  이 책 내용의 전부 및 일부를 이용하려면 반드시 저작권자와 도서출판 렛츠북의
  서면동의를 받아야 합니다.

* 잘못된 책은 구입하신 서점에서 바꾸어 드립니다.